财务尽职调查

洞悉估值本质

马兴伟　佘高枕 _ 著

机械工业出版社
CHINA MACHINE PRESS

资本扩容是这个时代无法回避的话题。不论是企业 IPO，还是进行收购或并购，都会涉及财务尽职调查。理解财务尽职调查的流程、规范和操作细节，对于调查方和被调查方而言，都是必备功课。能否从全面的视角出发，为相关利益方提供一套规范的方法论指导呢？

《财务尽职调查：洞悉估值本质》分别从调查方、委托方和目标企业的视角，全面、详实地阐述了财务尽职调查的知识和实际中遇到的问题，并附有财务尽职调查报告模板和综合案例分析，让读者能更好地理解什么是财务尽职调查，从而在实际操作中做到有章可循。

本书不仅能为财务尽职调查人员提供方法上的指导，也能够给予需要了解财务尽职调查情况的委托人和应对财务尽职调查过程的目标企业以启发，使财务尽职调查的三个利益方都能在过程中充分发挥各自的主观能动性，让财务尽职调查的过程更规范，数据更清晰，结果更令人信服。

图书在版编目（CIP）数据

财务尽职调查：洞悉估值本质 / 马兴伟，佘高枕著. —北京：机械工业出版社，2022.11
ISBN 978-7-111-71888-8

Ⅰ.①财… Ⅱ.①马… ②佘… Ⅲ.①企业会计 - 会计检查 Ⅳ.① F275.2

中国版本图书馆CIP数据核字（2022）第198102号

机械工业出版社（北京市百万庄大街22号　邮政编码100037）
策划编辑：曹雅君　　　　　　　责任编辑：曹雅君　侯振锋
责任校对：史静怡　张　征　　　责任印制：任维东
北京圣夫亚美印刷有限公司印刷
2023年1月第1版第1次印刷
170mm×230mm・16印张・210千字
标准书号：ISBN 978-7-111-71888-8
定价：88.00元

电话服务　　　　　　　　　　　网络服务
客服电话：010-88361066　　　　机　工　官　网：www.cmpbook.com
　　　　　010-88379833　　　　机　工　官　博：weibo.com/cmp1952
　　　　　010-68326294　　　　金　书　网：www.golden-book.com
封底无防伪标均为盗版　　　　机工教育服务网：www.cmpedu.com

前 言
PREFACE

当前，国内不断扩大的资本市场（除了上海证券交易所、深圳证券交易所及2021年9月成立的北京证券交易所之外）和日趋完善的市场制度，为国内的企业资本运作及投资活动提供了广阔的空间和相应的制度保障。资本市场的频繁运作及投资活动的日益增多，少不了相应的尽职调查业务。而在所有的尽职调查业务中，财务尽职调查作为资本运作及投资活动的准备工作，能够准确评估目标企业的财务及经营状况，使投资者充分了解投资风险，同时能够为企业收购或并购活动等提供可靠、准确的投资决策依据。

在曾经的尽职调查业务中，我们的团队就发现过某些目标企业存在隐瞒账外负债的情况。我们通过对目标企业财务数据的分析、对供应商和客户的走访，发现目标企业未记入财务报表的负债有2亿多元！因为存在这些情况，那次收购活动以失败告终。在实际的投资活动中，也存在很多因投资方没有对目标企业进行全面尽职调查导致的投资失败的案例。可以这么说，在投资方对目标企业了解不充分的情况下，盲目投资很大概率会造成损失。此时，进行尽职调查对于投资方来说就显得尤为重要。

10多年前，我刚开始从事财务尽职调查。那时，由于经验的缺乏，我对财务尽职调查的内容和技巧知之甚少，当时也没有可以参考的依据，一切只能听从项目负责人的安排。调查团队在实际的工作过程中，很多时候因为不知道该如何着手开展具体的调查工作，严重影响项目的进度和质量。而我们也只能在不断的试错中摸索方法、总结经验。

截至2022年，我已经在这行摸爬滚打10余年，对财务尽职调查有了新的理解和认识。这些年，我见证了尽职调查行业从兴起到不断成熟的过程。通过一次偶然的契机，我与深圳市中洲会计师事务所所长马兴伟老师决定一起撰写一本关于财务尽职调查的工具书，希望财务尽职调查的从业者能够通过本书对财务尽职调查有基础性的了解；而财务尽职调查的委托方也能够通过阅读这本书，了解财务尽职调查的基本工作流程，并能够对财务尽职调查重要信息的判断和决策做好安排；同时，也希望目标企业能够通过这本书了解在财务尽职调查过程中，应该如何配合委托方和财务尽职调查人员的工作，什么该听从，什么可以不用听从，也可以提前做好相应的准备。最后，如果大家能在本书中得到启发或收益，我倍感荣幸。

本书的价值

这本书涵盖了财务尽职调查的相关热点，能够为财务尽职调查从业者、投资者、目标企业的经营者等，在财务尽职调查过程中遇到的各类问题进行详细、全面的解答，具有很高的实用价值。在功能上，本书能够为财务尽职调查工作者、投资人、融资者提供关于财务尽职调查的系统知识，平时在财务尽职调查过程中遇到棘手的难题，也能通过学习本书解决问题。与会计师事务所相关的工作人员，如审计师，也可以从书中提炼出灵感和方法。本书对于想考取各类会计职称、中国注册会计师、资产评估师、金融风险管理师、税务师、特许公认会计师、国际注册内部审计师、美国注册管理会计师、英国特许管理会计师、美国注册会计师等的人员也有参考价值。此外，本书的案例较为丰富，视角全面，对于那些对财务、尽职调查、投资方面感兴趣的读者，本书可以作为一本财务类、投资类的参考书。

本书的特色

本书最大的特色是从 3 个维度对财务尽职调查这项活动进行全面剖析。在本书的 10 章中，从第 1 章——财务尽职调查的基础知识为开端，到第 10 章——财务尽职调查报告及后续工作为结束，中间包含调查方视界（基础准备篇、实地调查篇、重点关注篇）、目标企业视界（前期准备篇、过程应对篇、重点执行篇）及委托方视界（背景审视篇、决策思考篇）等，让读者可以从不同的角度了解财务尽职调查这项业务。

此外，本书还重点分析在财务尽职调查过程中目标企业的风险和真实价值状况：让调查方明白应如何"揪出"企业风险，洞悉真实价值；让委托方了解如何规避投资风险，把握企业和市场的动向；让应对方学会如何减少企业内部的相关风险，并提升自身价值。

本书的读者对象

本书的读者对象包括以下几类人群：
①投资机构、会计师事务所的尽职调查工作人员；
②有意向进行投资、兼并、收购活动的机构和个人；
③需要应对（财务）尽职调查（如 IPO 尽职调查）的企业经营者、管理者和创业者；
④其他对尽职调查、投融资、财务分析感兴趣的人士等。

本书的阅读建议

假如您是一位尽职调查的工作者,您可以重点阅读本书的第一、二、五部分,并结合自己的尽职调查经历,对第二部分做详尽分析和深入学习;同时,您可以通过浏览第三、四部分的内容,了解在财务尽职调查过程中,不同利益方的心态和利益考量。假如您是一位目标企业的经营者或创业者,您可以重点阅读本书的第三部分,将应对财务尽职调查的方法和技巧熟稔于心。假如您是一位投资者,您可以对本书的第四部分内容进行详细的了解,掌握如何分析调查结果和目标企业的真实状况。不论您是谁,您都可以通过阅读全书,掌握财务尽职调查的全貌。

最后,感谢对本书出版付出诸多努力的杜礼青先生。

作者

2022 年 8 月

目 录
CONTENTS

前言

第一部分
尽调奇点：什么是财务尽职调查

第 1 章
关于财务尽职调查，
你需要了解的基础知识

1.1 为什么要做财务尽职调查 / 003
1.2 如何做财务尽职调查 / 009
1.3 三方对垒：财务尽职调查中的博弈论 / 014
1.4 有哪些国际经验值得借鉴 / 016

第二部分
执行者视界：调查方的方法论

第 2 章
调查方：基础准备篇

2.1 是否要像审计那样去做财务尽职调查 / 021
2.2 在财务尽职调查之前，需要准备好哪些工具 / 026
2.3 如何进行前期准备工作 / 032
2.4 如何做好财务尽职调查的基础分析 / 038
2.5 必须深入调查的核心要素有哪些 / 054

VII

第 3 章	3.1	实地调查应遵循怎样的思路 / 072
调查方：实地调查篇	3.2	如何做实地访谈 / 077
	3.3	独立性调查：别让他掩饰了真相 / 089
	3.4	在实地调查中，应该注重的细节有哪些 / 093

第 4 章	4.1	如何发现目标企业的风险 / 099
调查方：重点关注篇	4.2	如何评估目标企业的价值 / 111

第三部分
应对者视界：目标企业的方法论

第 5 章	5.1	企业为什么会被"尽职调查" / 123
目标企业：前期准备篇	5.2	目标企业需要事先准备哪些资料 / 128

第 6 章	6.1	目标企业应如何接洽调查人员 / 133
目标企业：过程应对篇	6.2	访谈时应该注意哪些细节 / 137
	6.3	在财务尽职调查期间，如何做好企业管理 / 138

第 7 章	7.1	在收入情况方面，目标企业要如何做好 / 141
目标企业：重点执行篇	7.2	如何规范企业的成本费用 / 148
	7.3	如何才能不让税收问题成为小辫子 / 151
	7.4	无形资产、内部控制和会计准则的问题如何解决 / 155
	7.5	如何提高企业的估值 / 159

第四部分
决策者视界：委托方的方法论

第 8 章 委托方：背景审视篇
- 8.1 如何与调查机构合作 / 165
- 8.2 应该如何看待目标企业 / 169
- 8.3 委托方还需要注意哪些问题 / 179

第 9 章 委托方：决策思考篇
- 9.1 如何发现目标企业的价值 / 182
- 9.2 目标企业是天时地利还是八面风雨 / 187
- 9.3 如何看待目标企业的理念和团队 / 194
- 9.4 如何判断初创企业的价值 / 196

第五部分
视界交汇点：财务尽职调查报告

第 10 章 财务尽职调查报告与后续流程
- 10.1 一份出色的财务尽职调查报告是怎样的 / 201
- 10.2 财务尽职调查的后续工作有哪些 / 210

附录
财务尽职调查报告模板 / 213

第一部分

尽调奇点
什么是财务尽职调查

洞悉估值本质

1

资本市场云谲波诡，赛道红利稍纵即逝。在投资方与融资方互相合作、较量的过程中，逐渐催生演化出了尽职调查的概念。而在所有尽职调查的类型之中，财务尽职调查备受投资者的重视。那么，什么是财务尽职调查呢？它有哪些作用呢？它涉及哪些利益群体呢？

在该部分中，我们将为读者解答以上问题，让大家对财务尽职调查有一个基本的认识。并且，通过认识财务尽职调查，大家能够明白资本市场并非只是"两虎相争，必有一伤"的修罗场，还可以达成"非零和博弈"的共赢局面。

第1章　关于财务尽职调查，你需要了解的基础知识

1.1 为什么要做财务尽职调查

查理·芒格曾对投资做过这样的比喻："钓鱼的第一条规则是，在有鱼的地方钓鱼。钓鱼的第二条规则是，记住第一条规则。"可见，对于投资者而言，选对投资赛道是一件多么重要的事情。

然而，投资者即便选对了投资赛道，若不能看清目标企业的"真面目"、无法洞察其是否存在潜在的财务风险，同样也会置自身于不利的境地。2021年，某药业公司由于涉及证券造假，企业财务状况遭到调查，最终被判决向52 037名投资者赔偿投资损失约24.59亿元。2020年，某咖啡品牌被指存在虚假交易，而后遭到调查，确认企业虚增利润9.08亿元。这些案例不过是资本市场风险的冰山一角。而相关部门和投资者，正是通过对它们进行财务尽职调查，才得以知晓其经营风险和真实的企业价值。财务尽职调查是商业活动中十分重要的一项工作。接下来，我们就将对其进行详细介绍。

尽职调查与财务尽职调查

尽职调查，又被称为"审慎性调查"。这项工作主要有3个主体，分别是调查方、委托方和目标企业。我们以投资活动为例。在投资者和目标企

业达成初步的合作意向后，投资者为了能够判断自身的投资是否具有实际意义和价值，会在双方都同意的前提下，委托专人或团队对目标企业的商业模式、业务情况、法律风险、技术水平、财务状况等方面进行调查和分析。尽职调查的结果往往关系着投资者是否投资目标企业的决定，其中涉及的各个类型调查可以十分全面且客观地反映出目标企业的真实现状。投资者可以从这些现状中预估企业未来的发展形势，从而判断自己是否应该对其进行投资。

在实际的尽职调查过程中，我们可以将其分为哪些类型呢？一般而言，尽职调查可以分为业务尽职调查、法律尽职调查和财务尽职调查3大类。其中，业务尽职调查可以全面了解目标企业的主要营业内容和范围；法律尽职调查是在法律层面上，对目标企业现存资产和业务的合规性及潜在的法律风险进行评估，毕竟没有投资者愿意对一个随时都会陷入法律纠纷风险的企业进行投资；而财务尽职调查作为最受投资者关注的调查项目，主要是针对目标企业的财务状况、经营成果和现金流开展的调查工作。

财务尽职调查在整个尽职调查活动中占据十分重要的地位，其中反映出的各类财务信息也是填补双方信息不对等的重要途径，因此受到许多相关投资者的重视。本书将就财务尽职调查的各个方面，对其展开详细论述。

财务尽职调查的概念、内容及作用

财务尽职调查与普通的企业内部财务工作在以下几个方面存在本质不同。首先，我们需要明白，投资活动的委托方需要做出是否对目标企业进行投资的决策时，一般情况下都会派遣财务尽职调查人员去目标企业进行调查，最终形成一份针对目标企业财务和发展情况现状的报告。因此，财务尽职调查的概念可以归纳为：财务尽职调查人员根据委托方的委托范围，对目标企业的财务状况、经营情况等各个方面，实施书面调查、文件审阅、口头访谈及比较分析等调查手段，并在调查过程结束后，通过书面或者其他形式向委托方披露和报告目标企业的投资价值、经营风险和财务风险的工作过程。

财务尽职调查作为尽职调查环节中必不可少的一环，其发挥的作用自然是巨大的。财务尽职调查的作用主要可以总结为以下3点。

（1）财务尽职调查可以合理评估目标企业的风险。

投资者在进行投资时，最常使用的评判指标是受风险的程度。正所谓"高风险，高回报"，作为投资者，虽然面临的风险随时都有，但是这份风险对应的收益究竟值不值得让其投入资金、精力和时间，还是需要通过具体数值来体现的。从长远来看，这也是为投资双方着想，避免出现过大的损失，而不会为后期埋下祸患。

（2）财务尽职调查可以为确定收购价格和收购条件提供依据。

投资或者收购这样的事情说起来简单，实际操作起来却是很有讲究的。从投资意向、收购方案到投入的资金规模、收购条件等事项，都不容出现分毫失误。这一系列条件关系到交易双方的切身利益，而确定这些条件的重要依据就是财务尽职调查的结果。真实可靠的财务尽职调查报告数据能够成为制定各方面决策的依据。

（3）财务尽职调查可以帮助委托方进行可行性分析。

同样以投资活动为例。投资者对目标企业的认识，很多时候都只有一个大概印象，而且这个印象的来源还是目标企业创始人的口头描述和自己事先准备好的各项资料。虽然这些资料在吸引投资者这件事情上很有优势，但一旦投资者有了投资意向，那么双方在具体的各项信息上就不可避免地存在信息不对等的情况，投资者也很难快速深入地了解目标企业。因此，在投资者做出决策之前,就需要对目标企业进行财务尽职调查,使目标企业的财务状况,包括成本、盈利和债务等方面的信息如实反映出来。投资者利用这些信息,衡量过各方面利弊之后,确定了企业隐藏的各种风险以及未来发展潜力,在做出决策时才能更加胸有成竹。

财务尽职调查的基本内容

财务尽职调查包含的内容十分繁多。只有将这些调查的基本内容进行梳理,才能得到最为全面和准确的调查结果,发挥财务尽职调查的最大作用。我们可以将财务尽职调查的基本内容分为以下5个方面,如表1-1所示。

表1-1 财务尽职调查的基本内容

项目	说明
调查目标企业的财务报表	主要包括内外账、财务报表、合并财务报表和其他更详细的财务数据,如销售台账、生产成本计算表、运费、工资、电费等。通过这些资料,可以从正面或者侧面详细了解企业运营过程中的记录
调查目标企业的业务情况	包括主要产品或服务情况、企业客户、销售模式、供应商、竞争对手以及核心技术及专利情况。业务情况是关乎企业成本与收入的重要证明材料,有了稳定的业务,才有盈利的保障
调查目标企业的关联交易与关联往来	企业并不是独自存在于市场上的,或多或少都会与其他企业或机构有所关联,这些关联关系也是风险的聚集地,需要调查清楚
调查目标企业的财务核算基础	包括收入和成本核算原则与方法、财务核算软件、发票情况、现金流与个人卡、采供销单据等
调查目标企业的税务情况	包括税收优惠政策、征税方式、个人所得税以及税务成本。健康、完善的税务情况是企业正常运作的标志之一,而税务方面存在问题的企业,会在未来发展中受到极大制约

财务尽职调查的重要意义

多年来,财务尽职调查工作都受到资本市场的广泛关注和重视。财务尽职调查的重要意义主要体现在以下3个方面。

（1）有利于合理评估投资、并购或收购的风险。

在相关资本活动中，主动的一方可能要面临来自目标企业财务方面的风险。如果没有财务尽职调查，在交易过程中，目标企业可能会向委托方提供虚假的经营信息和夸大的经营业绩，或者故意隐瞒过高的资产负债率、不健全的销售网络、过时的生产技术等，从而让委托方背负巨大的风险。因此，委托方能够通过财务尽职调查提前全面了解目标企业的情况，合理评估相应的风险，而不是仅仅依靠目标企业经营者的一面之词来获悉目标企业的现状。

（2）为确定项目最终的交易价格和交易条件提供依据。

在投资、并购或收购活动中，价格是交易双方最为关注的内容之一，交易双方都会尽全力为己方争取最大的利益。然而，价格本身的制定应该是基于目标企业真实的价值基础上的。而要想获取目标企业的现有财务状况以及是否存在着大量的负债和不良资产等信息，就离不开财务尽职调查工作的展开。财务尽职调查过程要求绝对的真实和信息公开透明，这样目标企业财务中藏匿的各种不良信息才能够被反映出来。这样，交易方就可以对负债和不良资产的信息进行评估，评估结果可以作为制定项目交易价格的依据。此外，还可以确定在收购协议中是否应加入一些限制性条款等。

（3）便于合理构建整合方案。

资本活动并非是一单简单的买卖。实际上，它是一项复杂的系统工程，涉及诸多步骤和细节。因此，想要保证交易过程的顺利进行，就需要提前构建出一个整体的方案，后续的所有过程都严格按照现有的方案框架来实施，保证过程井然有序，同时也能降低面临的风险。

财务尽职调查的发展及相关法律法规

作为随着经济行业蓬勃发展而实现规模扩大的产业，在投资、收购、并购等需求越来越普遍的行业背景支撑下，财务尽职调查产业持续发展着。同时，相关法律法规也在逐步完善。

（1）行业现状及痛点。

目前，财务尽职调查工作已经形成了一定的行业规模，各大尽职调查机构也已经摸索出了一整套流程和相关规范。但是，其中还存在很多问题制约着财务尽职调查产业继续进步。当前的财务尽职调查可以分为投资方自行开展尽职调查和委托第三方机构开展尽职调查 2 种情况，它们的发展现状以及面临的痛点也不尽相同。

如果是投资方自行开展财务尽职调查，需要与目标企业维护良好的关系。目标企业并不都是愿意将自己的信息和盘托出的，当有可能对自身不利的资料出现时，他们可能会刻意隐瞒。此外，投资方自己去调查，直接面对目标企业，还可能需要照顾业务人员的情绪，会分散精力，导致对关键事项无法深入调查和了解。由于未受过专业的财务尽职调查训练，身处交易之中的投资方，在执行财务尽职调查的分析性工作时，也有可能无法保持中立、客观的态度。若在同一时间有多个拟投资项目需要调研时，在人力安排上也可能会出现问题。

如果是委托会计师事务所、咨询企业开展财务尽职调查，虽然效率会更高，但由于调查方对某些行业的行情缺乏认知，在对目标企业的业务及行业态势的把握上，缺乏对应的敏感度，可能会导致无法通过财务数据了解目标企业潜在问题的情况。

（2）相关法律法规。

财务尽职调查作为企业尽职调查中的重要环节，多年来一直受到国家相关部门的高度重视，为了保证财务尽职调查结果的真实性和可参考性，避免其中出现任何法律问题，国家相关部门也制定了一系列的法律法规，包括《企业会计准则》《中国注册会计师职业道德守则第1号——职业道德基本原则》《中国注册会计师相关服务准则第4101号——对财务信息执行商定程序》《中华人民共和国企业法》《中华人民共和国证券法》《首次公开发行股票并上市管理办法》《首次公开发行股票并在创业板上市管理办法》《保荐人尽职调查工作准则》，以及证监会出具的其他窗口指导意见、税法文件等。

除此之外，还有一系列相关的协会指引文件，用以引导和规范财务尽职调查相关的工作和流程。这些协会指引文件包括《财务尽职调查报告编制指引（试行）》《北京注册会计师协会专业技术委员会专家提示[2018]第8号——上市前财务尽职调查非鉴证服务的风险关注》《北京注册会计师协会专业技术委员会专家提示[2018]第10号——境外并购前财税尽职调查》《税务尽职调查业务指引——税务师行业涉税专业服务规范第3.3.4号（试行）》等。

1.2 如何做财务尽职调查

纸上得来终觉浅，绝知此事要躬行。在资本市场中，若想要摸透一家企业的财务情况，就必须要对其进行财务尽职调查。那么，要如何做好财务尽职调查呢？首先我们需要培养财务尽职调查的思维，再熟练掌握财务尽职调查的基本方法和流程，将这些底层的知识运用到实际的调查活动中。

培养审慎的财务尽职调查思维

"只要思想不滑坡，办法总比困难多。"任何调查工作在开展之前，如果都能建立起正确的思维方式，那么过程自然也会更加得心应手。培养审慎的财务尽职调查思维，主要通过培养会计思维和调查者思维来实现。

（1）会计思维。

可以说，会计人员走的每一步看重的都是最后的收益和回报，因此会计思维的第一个特征是其行为和目标都必须以结果为导向。投资并不是做慈善，没有结果的投资到头来也只是一场空，最后肯定只会被资本市场所淘汰。

在哲学中，人们讲究各种关系的相互促进、相互影响。经济活动亦是如此。因此，会计思维的另一个特征就是整体性。一家企业的收入、利润和现金流等任一种因素都不会孤立存在，会计思维要求财务尽职调查工作者要用联系的观点去看待事物。

除此之外，想了解什么才是正确的会计思维，还需要读懂财务的基本语言。譬如，营业利润和毛利、资产和负债、债权人和股东，等等。这些名词折射出来的是会计思维。读懂这些词汇和专业术语，才不会陷入会计思维的误区。这就像一家企业的营业利润高，并不意味着它就一定在盈利。同样地，一家企业的负债高，也不代表着它就不具备赚钱的能力。因此，作为财务尽职调查人员，建立起会计思维就像拥有打开资本市场大门的钥匙一样。

（2）调查者思维。

什么是调查者思维呢？在开展财务尽职调查之前，调查人员首先要明确自己想写的是一份怎样的财务尽职调查报告。在这个过程中，尽职调查的方法五花八门，调查人员又该怎么选择合适的调查方法，是不是每种调查方法都必须用上，这些问题都是在尽职调查之前就要思考出答案的。因此，对于财务尽职调查人员而言，必须要培养一套逻辑清晰的调查思维，这样才能让财务尽职调查工作有条不紊。

有 2 种调查者思维是财务尽职调查人员必须要有的,一种是自己亲身实践得出一手调研成果的思维,另一种则是要有能够解读和判断别人尽职调查结果的思维。这 2 种思维各有千秋,调查者要看实际情况进行选择。不论用哪种思维做财务尽职调查工作,都要求调查者必须有公正、客观的态度,决不能让最后的财务尽职调查结果沦为个人的主观臆断。如果调查者一开始没有建立客观的思维方式,不清楚财务尽职调查报告的真正目的,那么,最终的财务尽职调查报告很可能只是流于形式,没有参考价值。

财务尽职调查人员除了要建立审慎的思维之外,还要知晓财务尽职调查的基本方法。俗话说"磨刀不误砍柴工",掌握了基本的工作方法,也能在实际的调查过程中少走很多弯路。那么,财务尽职调查的基本方法有哪些?在实际财务尽职调查中,调查方法多种多样,如审阅文件资料、参考外部信息、相关人员访谈、企业实地调查、小组内部沟通等,我们会在本书第 2 章进行具体阐述。

财务尽职调查的基本流程

财务尽职调查的基本流程一般包括以下 8 个基本环节,每个环节紧密相连,缺一不可。

(1)财务尽职调查的立项工作。

首先,调查方在充分了解投资方的真实意图之后,会与委托方、目标企业坐下来进行三方洽谈和协商;然后,根据磋商的结果,确定调查目标、时间安排以及调查范围等基本内容;最后,出具相关的《项目建议书》《沟通函》等文件,进行财务尽职调查的立项工作。同时,三方需签订保密协议,确保目标企业的信息不会被泄露。

（2）设立调查小组。

财务尽职调查机构的项目负责人通过公开信息了解目标企业的基本情况后，如企业实际控制人、股权结构、主营业务、主要产品等，再结合团队成员的工作履历，来组建适合的尽职调查小组。同时，还要尽快安排对项目组成员的工作培训，包括聘请和协调外部专家等。

（3）拟订调查计划。

通过对前期资料、行业情况的分析，财务尽职调查小组开始拟订项目总体工作计划与方案，包括目标、调查程序、重点调查内容、时间和地点安排、成员分工等。

（4）进行实地调查。

财务尽职调查小组进入目标企业的第一天，最好就召开与企业管理层的首次见面会议，除了说明来意和工作目标外，更主要的是索取前期下发的调查资料，并与企业管理层进行访谈工作，在最短的时间内了解企业情况。一般涉及访谈的人员会很多，不仅包括企业创始人、各个部门的负责人，还包括其他基层员工。访谈时应做好记录。

访谈结束后，继续了解企业的主营业务、战略安排、运作的基本流程等，关注细节问题。访谈过程中，要将梳理资料清单和收集资料的事情贯穿始终。并根据访谈中了解到的事项，对前期列出的资料清单进行补充和调整，提出特殊事项资料需求。

（5）验证和复核，验证调查信息的真实性。

对收集来的资料，要以目标企业的财务报表为主体来进行逆向检查、合理性分析，并视情况执行相关的审计程序，逐一检查重大的相关项目，进行横向和纵向的合理性分析，判断是否存在异常情况。在企业内部进行账面和资料的相互印证。若账面和资料不一致，则应该询问财务人员是否记账或者未入账的原因等。

后期，还要实地参观目标企业生产车间、仓库等，要将实地参观和前期访谈、资料分析相结合，印证其业务真实和资料可信的程度。在这个过程中，需持续保持与目标企业良好的沟通，及时反馈相关问题。在尽职调查现场工作结束前，还要就现场尽职调查发现的重要风险事项与目标企业进行沟通和确认。

（6）撰写财务尽职调查报告。

财务尽职调查现场工作结束后，便进入报告的撰写和出具阶段。一般情况下，财务尽职调查报告应该包括目标企业的基本情况、资产质量分析、偿债能力分析、盈利质量分析、营运能力分析、现金流分析和详细报表分析等部分。财务尽职调查小组要按原则撰写，不得添加个人主观猜想和意见。

（7）提交财务尽职调查报告。

出具财务尽职调查报告后，要对其进行复核，内部查缺补漏，经负责人审核后，再出具正式的财务尽职调查报告。报告出具完成后，应与委托方内部进行充分沟通，了解是否还存在未尽事宜需要补充进行财务尽职调查。同时，委托方还应与目标企业就风险事项进行沟通，并商议解决方式。

（8）参与企业投资管理的决策。

不管最终能否达成合作，最终的财务尽职调查报告出具后，财务尽职调查小组还要站好最后一班岗，参与最终的企业投资管理的决策，及时答疑。

1.3　三方对垒：财务尽职调查中的博弈论

"棋逢敌手难相胜，将遇良才不敢骄。"在实际的财务尽职调查过程中，委托方、调查方和应对方有着微妙的关系。他们除了是合作伙伴关系之外，还可能会存在相互博弈。毕竟在达成合作之前，任何一方的"老底"都不会轻易透露。虽然是投资方委托了尽职调查小组去调查目标企业的情况，目标企业也必须好好配合尽职调查工作，但他们的关系绝非像表面上看着的那么和谐。他们各自都有需要注意的地方，任何一方的工作其实都不简单。那么，该如何让三方形成一种和谐共生的关系呢？我们先来看在财务尽职调查中这三方是如何定义的。

委托方

尽职调查的委托方，是三方中真正要拿出"真金白银"来达成投资或者并购等合作项目的一方。他们在与目标企业达成了初步的合作意向之后，会委托第三方机构对目标企业进行财务尽职调查。看上去，他们更像是这场合作中的"甩手掌柜"，其实作为委托方，他们对于尽职调查的态度比另外两方都要谨慎，毕竟在信用尚不健全的时代，作为掏钱方任何一个错误的决策就会让手里的钱打水漂。

因此，委托方必须在尽职调查中做好重要信息的判断和决策，把握好自身的主动权。接着，要厘清目标企业的大致情况，对目标企业所存在的问题和今后有可能会存在的风险做出预判。同时，还要保持初心。虽然是委托第三方机构去摸清目标企业的"老底"，但同时也是去发现目标企业的价值。因此，不要做眼里容不下一粒沙子的人，而要抱着长远的眼光去看待问题。

调查方

作为委托方请来的专业人员，财务尽职调查小组除了要明确自己的位置，还要明晰自己承担的是财务尽职调查中最为重要的责任，财务尽职调查的结果是影响交易双方合作的最主要因素。因此，财务尽职调查方一定要明确此次调查的目的，关注目标企业的每一个细节，做好访谈和实地调查工作，评估好目标企业的基本情况和风险导向。在这个过程中，财务尽职调查人员要对目标企业的情况随时保持关注，并要学会分析和随时反馈；遇到需要协同解决的问题，要及时和委托方做好沟通、反馈，而不是仅凭个人经验。同时，也要和目标企业做好配合，毕竟调查方是在向目标企业索取企业资料，因此也要注意运用恰当的方式和方法。只有调查方把控好财务尽职调查的节奏，那么财务尽职调查的其他两方才会省去很多工作，合作起来也会更加轻松，最后所出具的财务尽职调查报告也能够确保质量和精确度。

应对方

目标企业作为财务尽职调查的应对方，在财务尽职调查过程中的主要责任是配合财务尽职调查人员和委托方的工作，提供企业相关的资料和信息，并接受相关人员的访谈。这些要求表面上听上去十分简单，事实上，目标企业在财务尽职调查中还有许多要注意的地方。

首先，不管是前期委托方提出的资料清单，还是在财务尽职调查过程中调查方提出的大量问题和诉求，作为应对方，都要从容应对并积极配合，用坦诚且理性的态度给予回应。需要注意的是，目标企业的积极配合并不意味着完全被动听从，虽然调查方正常的调查诉求可以尽量满足，但如果委托方或调查方要求调查与企业无关的个人隐私，目标企业的相关人员理应义正词严地拒绝。最后，目标企业还要知道财务尽职调查都包括哪些内容,做好前期准备。正所谓"兵来将挡,水来土掩",只有进行充足的准备和调整,才能做到有的放矢。

财务尽职调查三方之间的关系,并非彼此敌对,而是相互成就、相互配合。因此,任何一方都要持有"达成最终合作"的态度去做财务尽职调查工作。只有三方协力配合,理性、客观地看待每一个细节,做好财务尽职调查工作,才能够实现非零和博弈、三方共赢的局面。

1.4 有哪些国际经验值得借鉴

股神巴菲特说过这样一句话:"想成为最优秀的人,就要向最优秀的人学习。"巴菲特始终打开自己的视野,不断学习外界的优秀经验,从而不断攀上事业的高峰。借鉴并向他人学习,永远是自我提升的最有效的方法。所谓"他山之石可以攻玉",那么在国际上都有哪些值得借鉴的财务尽职调查的经验呢?在本节中,我们将来学习这些经验。

问卷调查

财务尽职调查人员按照其事先制订的策略性资产配置计划来设计一份问卷,内容需要涵盖目标企业诸多维度的信息。譬如,如果目标企业是一家基金管理公司,那么对其设计的财务尽职调查问卷应包含以下内容:基金管理人、基金管理团队、基金募资、现金流、合同条款、相关证明文件、团队历史业绩等。

访谈与交叉验证

财务尽职调查人员的主要访谈对象是目标企业的员工。与此同时,假如目标企业有经营权转移或变革的历史,还可以对前任企业所有者进行访谈,并与相关的投资人、会计师、律师、咨询师、投资银行等专业人士以及竞争对手等群体进行访谈。

访谈内容和访谈流程主要还是依据第一步已经设计好的调查问卷的信息来进行。当然,如果可以在访谈过程中发现问题,并且通过访谈获取调查问卷上没有涉及的问题,自然就能完善更多的访谈信息。

定性分析与定量评估

(1)定性分析。

财务尽职调查人员需要对目标企业进行定性分析,对投资策略、治理结构做出准确评估。财务尽职调查的定性分析还要关注目标企业的外部认同和整体适配度,可以适当地运用对比分析、逻辑检验,做出更合理的判断和分析。

(2)定量评估。

当财务尽职调查人员对目标企业的价值和风险进行评估时,则需要用到定量评估的方法。一般来说,财务尽职调查中的定量评估需要运用与行业相关的财务和业绩指标。譬如,基金管理公司常用的定量评估指标有基金净值、内部收益率、总回报倍数、回收投入比、待回收比率等。

财务尽职调查被称为投资行业的"基石",是投资活动中重要的风险防范工具,为经济活动的秩序与安全提供了保障。在坚持结合我国国情的基础上,引进国外先进的财务尽职调查的方法,将助力我国财务尽职调查行业的发展和进步。此外,需要注意的是,任何财务尽职调查都不能脱离法律尽职调查而独立存在。各项尽职调查要相互协作,做到对企业的真实价值进行准确、客观地评估和预测。

第二部分

执行者视界
调查方的方法论

洞悉估值本质

2

动机是完成一件事情的先决条件,而行动才是整个过程的关键。在财务尽职调查中,调查方起着绝对的主导作用。若想将财务尽职调查工作高效、准确地完成,那么调查方就需要掌握一套完整的方法论。

该部分内容分为基础准备篇、实地调查篇和重点关注篇三章,分别就财务尽职调查方的前期准备、中期调查和整个流程的细节分析等方面,阐述了一套较为完整的财务尽职调查方法论。希望通过对该部分内容的学习,读者能够将财务尽职调查工作落实到位。

第 2 章 调查方：基础准备篇

2.1 是否要像审计那样去做财务尽职调查

前面一章我们学习了财务尽职调查的基本概念、流程等内容，那么执行者应该如何在实际中进行操作呢？在本节中，我们将学习财务尽职调查和审计的异同点，帮助财务尽职调查人员在实际的执行过程中，避免陷入审计思维的误区。

审计不等同于财务尽职调查

对于财务尽职调查的执行者来说，刚开始接触财务尽职调查时，可能会将其当成审计去做。有不少新人会把财务尽职调查报告做成看起来别无二致的审计报告，甚至有些"久经沙场"的财务尽职调查人员也会粗心大意，在擅长的专业领域犯错。譬如，他们在签署尽职调查合同、谈项目需求时，总喜欢把"保证""把握"这类带有个人主观意愿的词汇挂在嘴边，却不关心财务尽职调查的执行人员履行了哪些工作、发现了哪些问题。只关心目标企业的财务报表在"调整之后"的字面数据，而不会透过数据看"企业的经营状况"，对于为什么要这样调整，也通通不做考虑，这实质上就是审计思维。

那么，究竟什么是审计呢？

审计是执行人对企业的各类资料进行收集、分析，以便评估企业整体程序的效率和效益，以及企业运作是否合规等。审计以企业的财务报表是否根据公认会计准则编制为评估标准。审计工作一般由独立会计师进行，要求其必须有独立性和相关的审计专业知识。图2-1是审计工作的一般流程。

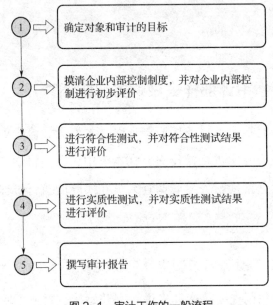

图2-1　审计工作的一般流程

从以上的审计概念来看，似乎其与财务尽职调查有相同之处，又有一些不同的地方。它们的共同点和差异又体现在哪些方面呢？接下来，我们逐一进行阐述。

审计和财务尽职调查的异同点

首先，我们来看审计和财务尽职调查的相同点。它们的相同点主要有2个：

其一，审计和财务尽职调查都需要做财务计算，即计算企业的财务数据，如内外账财务报表、合并财务报表等。做审计或财务尽职调查的人员，要求其对数字都有一定程度的敏感度，这使得他们在编制企业的资产负债表、利润表、现金流量表时，能做到"心中有数"。

其二，审计和财务尽职调查都囊括了基本的审计流程。什么是基本的审计流程？其主要有目标企业的用户风险评估、内控评价流程和实质性测试流程。两者都会对企业的用户人群进行风险评估和内控评价，并将评价的结果作为实质性测试的依据。

尽管审计和财务尽职调查有许多相同之处，但实际上也有很大的区别。想要更好地理解审计和财务尽职调查的区别，必须得理解两者的目的差别。

审计和财务尽职调查的差异主要体现在以下6个方面。

（1）委托方不同。

审计的委托方通常是企业本身或者监管部门，财务尽职调查的委托方通常是投资人、收购方、并购方或贷款方。

（2）执行人不同。

审计的执行人一般为审计师或者会计师事务所，而财务尽职调查的执行人通常包括审计师、律师以及业务专家，如图2-2所示。

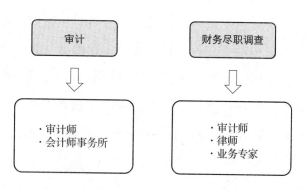

图2-2 审计和财务尽职调查执行人的区别

（3）报告使用方不同。

审计报告的使用方通常是企业本身或监管部门。财务尽职调查报告的使用方通常为投资人、收购方、并购方或贷款方。

（4）目的不同。

审计的目的主要是客观地反映目标企业当期的经营情况和财务状况，并向委托方或其他报表使用者提供合理保证，证明报表的真实性。财务尽职调查的目的是通过企业过去和现在的经营状况，查找出企业存在的问题，并对企业的未来价值进行预估。详细说明就是向委托方提供目标企业财务状况的描述信息，并在此基础上做出相应的扩展，譬如财务是否健康稳健、需要关注的问题有哪些、企业经营情况如何，等等。

（5）重点不同。

审计的重点是保证财务报表编制的准确性和公允性。审计工作最终目的是证明企业财务报表的真实性。因此，审计的主要工作内容要围绕审计证据展开。具体的做法可以按照会计科目逐一向被审计单位索取相关的支撑材料，如企业的各类发票、物资采购的账单、出库单等，其工作可谓非常之琐碎。此外，体现在审计报告中的分析性描述会比较少。

财务尽职调查不会按会计科目逐一排查企业的财务报表。财务尽职调查的工作重点是对企业整体经营模式的分析，包含财务数据、经营模式、客户情况、竞争对手、盈利预测等。一般的做法是结合委托方的要求，先进行报表分析，从宏观上把握住重点事项，然后再针对各个事项向企业了解具体需要的信息。这需要财务尽职调查人员学习更多的商业模式，了解不同行业的分析维度和分析方法，对各类分析工具有更高的掌握度。

(6) 报告的格式和内容不同。

审计报告的格式基本统一，主要披露财务报表的准确性和公允性。财务尽职调查报告没有统一的报告格式，可能根据不同的行业、不同的委托方或不同的侧重点有不同的报告格式。我们以企业的收入为例，不论是审计还是财务尽职调查，对企业收入的调查都是其工作中最重要的组成部分，但是两者在撰写报告时，侧重点不一样。

审计在报告上会体现企业的收入明细表的相关情况，会要求企业提供其收入明细表，然后以客户为单位从中进行抽查。审计人员一般要查询相关的合同、验收单、发票、收款记录等信息，目的在于佐证企业客户收入的真实性。当抽查的比例达到一定程度时，可以较为合理地保证收入的真实性。

财务尽职调查报告则不会涉及收入明细表，更多需要的是企业收入结构上的信息，譬如各项业务的收入结构、各项业务每年前5大客户及相应的收入金额、各项业务的毛利情况、各地区的收入分布情况等。在这个过程中，一般不会怀疑目标企业提供的信息是错误的，除非发现了明显的异常。然后，再搜集同行业其他企业的情况，将它们进行比对，就可以发现该企业的优劣势，这是为了更好地帮助委托方做出投资决策。

审计和尽职调查有个很简单的区分方式：如果经营者想了解企业内部的财务情况，企业内部基本上会十分配合会计师的工作（除去部分有特殊目的的情况），这种情况下就是审计工作；如果一个机构或投资人想了解第三方企业的财务情况，想摸清该企业"底细"，这种情况的工作可以被称为财务尽职调查。第三方企业有可能出于各种情况，对本企业的情况有所保留或隐瞒，那么委托方所聘请的调查人员将无法像审计一样得到第三方企业毫无保留的配合。正是因为审计和财务尽职调查不同的受雇关系，导致两者之间的工作内容也有一定的不同，所以财务尽职调查不能仅仅按照财务审计的方式去进行。

以上就是审计和财务尽职调查的相同点和不同点。我们将它们做一个总结,如表2-1所示。

表2-1 审计和财务尽职调查的相同点和不同点

项目	说明
相同点	都需要做财务计算,计算企业的财务数据
	都包含基本的审计程序
不同点	委托方不同
	执行人不同
	报告使用方不同
	目的不同
	重点不同
	报告内容不同

很多投资人最关心的就是第三方企业的数据有没有造假,特别是涉及现金流量较大的零售行业。自从"某咖啡品牌财务造假事件"出来之后,投资人通常对财务尽职调查人员问的第一个问题是"目标企业有没有财务造假",所以财务尽职调查首先就要搞明白财务数据的真实性,至于用何种方法和技巧彻底摸清目标企业的财务状况,我们后续再一一展开。

2.2 在财务尽职调查之前,需要准备好哪些工具

工欲善其事,必先利其器。财务尽职调查的工具,是保证财务尽职调查工作高效完成的利器。本节主要介绍如何利用可靠的工具,来帮助财务尽职调查人员展开工作。

在对任何一家企业进行财务尽职调查之前,必须要对该企业的基本情

况有深入了解，否则效果将很难达到预期。那么，尽职调查人员应该如何深入了解目标企业各方面的信息呢？这时，我们可以用到各类企业分析工具，如信用工具、查账工具、财务分析工具等。此外，一些综合性网站，如巨潮资讯网、中国裁判文书网也是重要的信息查询工具。接下来，我们来详细盘点。

基本信息工具

了解目标企业的基本情况，是所有调查人员首先要做的工作。我们可以通过哪些信息工具来了解目标企业的基本状况呢？这些工具主要有国家企业信用信息公示系统、第三方企业查询平台、组织机构代码证查询网站等。

（1）国家企业信用信息公示系统。

利用国家企业信用信息公示系统，财务尽职调查人员可以查询公示的基本情况、行证许可情况、行政处罚信息、列入经营异常名录信息、列入严重违法失信名单（黑名单）信息及公告信息。这个系统是由国家市场监管总局主办的，是面向全国企业、个体工商户和农民专业合作社的信用信息公示系统。国家企业信用信息公示系统基本涵盖了全国所有市场主体的登记注册信息和公示信息。

从市场主体的名称、统一社会信用代码、法定代表人、经营场所、成立日期、核准日期、行政许可信息，到列入经营异常名录信息、行政处罚信息、列入严重违法失信企业名单信息等，财务尽职调查人员可以通过国家企业信用信息公示系统，将企业这些信息了解得一清二楚。它是了解企业基本信息的首推工具。

（2）第三方企业查询平台。

这类企业查询平台主要以企查查、天眼查、启信宝等网搜工具为代表。

这些平台可以查到好几个信用网站的数据，还可以查到各类企业与股东的关系。除此以外，企业公示的基本情况、自身风险、关联风险、敏感舆情、提示信息等，也都可以通过这些平台的搜索得出。而财务尽职调查需要了解的法律诉讼、经营风险、知识产权、企业发展及行业信息等，也都能通过这些平台一览无余。

（3）组织机构代码证查询网站：全国组织机构统一社会信用代码公示查询平台。

在全国组织机构统一社会信用代码公示查询平台上，调查人员可以根据查询到的组织机构代码证，确认其主体资格。

信用工具

我们处于大数据时代，对于企业而言，企业信用的重要性日渐凸显。在企业的经营活动中，一旦出现失信行为（如地址异常、年报异常、严重违法、行政处罚、法律诉讼等），其行径都将会被公之于众，这会对企业今后的各种活动造成不良影响。譬如，向银行贷款、企业招投标、上市、与其他单位的业务往来等方面，都会受到各种限制。在2020年年初，瑞幸咖啡被爆出财务造假，这一失信行为让其市值直接雪崩。在几个小时内，瑞幸咖啡的股价就从26.2美元跌到了5美元，这对其自身的经营和品牌形象造成巨大的负面影响，致使其投资价值缩水。因此，对于尽职调查人员而言，摸清目标企业的信用状况，是做财务尽职调查工作的必需项目。那么，有哪些信用工具呢？

信用中国和中国人民银行征信中心都是可靠的信息来源。信用中国在重大税收违法案件当事人信息、政府采购失信名单等方面都属于权威发布；而个人或者企业的信用报告都可以在中国人民银行征信中心申请。另外，上文提到的全国组织机构统一社会信用代码公示查询平台也能够提供一定的帮助。除此之外，像绿盾企业征信系统这类第三方信用平台，也可以作为相应的补充。

财税信息工具

财税信息工具是财务尽职调查过程中需要用到的一个重要工具。财务工具包括以下几个方面：

①税务网站。这类网站能够查询到目标企业的税收信息、有无缴税异常、有无税务处罚等情况。主要的网站有目标企业注册地的税务网站，如国家税务总局广东省税务局；增值税一般纳税人资格查询；高新技术企业认定；小微企业名录，如广东小微企业名录查询网站等。

②投资、融资、证券相关网站。这类网站能够查询到目标企业投融资和证券市场信息，主要的网站有中国证监会网站、巨潮网的上市企业公示系统、上海证券交易所网站、深圳证券交易所网站、北京证券交易所网站、全国中小企业股份转让系统、中国银行间市场交易商协会网站、中国外汇交易中心网站、北京金融资产交易所网站等。

③基金相关网站。这类网站能够查询到目标企业的基金信息，主要的网站有中国证券投资基金业协会信息公示系统等。

目标企业注册地的税务网站和证券交易都是证券投资者必须用到的工具，中国证券监督管理委员会的每条政策消息都会有较大影响。各类证券交易网站是目前互联网券商的主要信息来源。它们自身的体量足够大，所以其行情要闻和企业数据的可信度都比较高，资讯也十分全面。调查人员在对财务数据加工处理之后，需要找到目标企业进行仔细核对。对于错误的信息，调查人员要及时更新，使数据能够展示和体现目标企业的业务发展规律，从而在评估目标企业的未来价值时能更加准确。

其他重要工具和综合性网站

除了以上的几类工具，在财务尽职调查的实际工作中，调查人员可能还要了解目标企业的诉讼仲裁情况、知识产权情况、行政处罚情况、行政资质等。因此，还需要能够详细查询到以上信息的工具。譬如，了解目标企业诉讼仲裁情况的网站有中国裁判文书网、全国法院被执行人信息查询等，了解目标企业知识产权情况的网站有中国版权保护中心网站等，了解目标企业行政处罚情况的网站有目标企业注册地的税务网站、环保局行政处罚查询网站等。除此之外，巨潮资讯网、和讯网等综合型网站也是寻找相关信息的实用工具。

中国裁判文书网上可以查询标的企业涉及的案件信息，想要再细化的话，对于不同的被调查企业，调查者应当登录对应的主管部门的网站来查询行政处罚的情况。

巨潮资讯网可以查询到深沪京上市企业的公告、财务情况及财务指标，是证监会指定的信息披露网站。再加上其"东家"是深交所，网站上的资讯都是第一手的，信息非常及时和关键；并且，巨潮资讯网为投资者提供专业和详细的分析数据，可以帮助避免投资风险。

上面介绍的网站和工具各有侧重，对于不同类型的目标企业，调查人员可以选择不同的网站去查阅所需的信息。为方便查询和访问，我们将以上网站列成表格形式，如表2-2所示。此外，调查人员还需要到目标企业网站及域名、微信公众号、微博、抖音等社交媒体查看能够获取到的有效信息，使获取的信息更加全面。

表2-2 进行财务尽职调查时需要用到的网搜工具

序号	网站名称	网址
1	国家企业信用信息公示系统	http://www.gsxt.gov.cn/
2	企查查	http://www.qichacha.com/
3	天眼查	http://www.tianyancha.com/
4	启信宝	http://www.qixin.com/
5	全国组织机构统一社会信用代码公示查询平台	http://www.cods.org.cn/
6	信用中国	http://www.creditchina.gov.cn/
7	中国人民银行征信中心	http://www.pbccrc.org.cn/
8	绿盾企业征信系统	http://www.11315.com/
9	一般纳税人资格查询	http://www.foochen.com/zty/ybnsr/yibannashuiren.html
10	高新技术企业认定	http://www.guogao.org/
11	小微企业名录	http://xwqy.gsxt.gov.cn/
12	中国证监会网站	http://www.csrc.gov.cn/
13	上海证券交易所	http://www.sse.com.cn/
14	深圳证券交易所查询	http://www.szse.cn/
15	北京证券交易所	http://www.bse.cn/
16	全国中小企业股份转让系统	http://www.neeq.com.cn/
17	中国银行间市场交易商协会	http://www.nafmii.org.cn/
18	中国外汇交易中心	http://www.chinamoney.com.cn/
19	北京金融资产交易所	http://www.cfae.cn/
20	中国证券投资基金业协会信息公示系统	http://gs.amac.org.cn/
21	中国裁判文书网	http://wenshu.court.gov.cn/
22	全国法院被执行人信息查询	http://zhixing.court.gov.cn/search/
23	中国版权保护中心	http://www.ccopyright.com.cn
24	目标企业注册地的税务网站	—
25	环保局行政处罚查询网站	http://www.zhb.gov.cn/home/ztbd/rdzl/cxbwx/xzcf/

（续）

序号	网站名称	网址
26	巨潮资讯网	http://www.cninfo.com.cn/
27	和讯网	http://www.hexun.com
28	国家市场监督管理总局	https://www.samr.gov.cn/
29	中国专利公布公告查询	http://epub.cnipa.gov.cn/

在信息时代，信息才是投资制胜的关键。准确的信息在调研中的重要程度不亚于企业信用。目标企业信息的收集、历年年报的审阅、同行友商的比对，都是财务尽职调查人员的基础工作内容。只有对目标企业的信息进行收集、整理、分析，我们才能对企业经营的基本状况有一个了解，这也为财务尽职调查之后的评估工作提供了参考。

2.3 如何进行前期准备工作

凡事预则立，不预则废。前期准备工作是财务尽职调查能否顺利进行的关键。那么，应该如何做好财务尽职调查的前期准备工作呢？本节将详细介绍调查人员在财务尽职调查前应该做好哪些准备工作，具体包括与委托方交涉并了解其诉求，了解目标企业所在行业的发展状况及其商业模式、产品和服务、销售模式、销售渠道、客户群、供应商的情况等，以便对目标企业的真实状况进行分析。接下来，我们进入本节内容。

制订调查计划

在进行财务尽职调查之前，调查人员需要制订一份详细的计划。计划通常需要包括建立调查团队、统筹调查时间、统筹调查重点事项、签订保密协议和撰写财务尽职调查报告等内容。

（1）建立调查团队。

我们需要根据目标企业的大小来确定财务尽职调查团队的人数规模。一般来说，即便企业规模较小，为了避免一人独断，财务尽职调查团队人数也不应低于 2 人。当然，即便企业规模较大，为了避免冗余，团队人数也尽量不要超过 5 人。在团队人选上，也要根据项目的特点，选择综合性较强的人员，或者具备某些特长的财务尽职调查人员。对于披露信息敏感的目标企业，对内部资料管理严格且现场尽职调查时间极短，因此这就需要在事先规划时聘请更多的人。

（2）统筹调查时间。

在做财务尽职调查前，首先，我们需要和委托方确认什么时候需要递交财务尽职调查报告，这个时间点会影响到调查人员的时间安排；其次，我们还要确认基准日，以便投资或收购双方洽谈价格；再次，根据目标企业的规模确定外勤时间；最后，根据调查的项目内容拟定一份调查时间表。

此外，调查机构或人员还需要把握整个调查项目的时间。根据目标企业的大小、项目的复杂程度等情况，财务尽职调查走完整个流程的时间约为 1~2 个月。如果是小型的初创企业，时间会更短。

（3）统筹调查重点事项。

调查人员需要在调查之前统筹若干件调查重点事项。这些重点事项包括：了解目标企业的所有权结构、历史沿革、财务与会计、税收、资产负债、人力资源、管理信息系统、内部控制等情况，并根据这些信息分析和评估目标企业的财务风险及盈利能力。同时，还要注意，除此之外委托方是否有特殊的要求需要调查出来。

（4）签订保密协议。

通常，在做尽职调查之前，委托方和目标企业需要签订保密协议，或由委托方出具保密承诺函，以确保目标企业的重要信息不会被泄露出去。尽职调查机构和人员在此过程中要尽力配合这项工作。

（5）撰写财务尽职调查报告。

财务尽职调查的主要目的是帮助委托方判明目标企业已有的及潜在的财务风险，并揭示其对收购整合及并购后的预期投资收益可能带来的影响。在整合目标企业的信息之后，我们需要通过分析这些信息进而形成一份详细、完整的财务尽职调查报告。调查报告需要包括此次调查的具体目的、目标企业的财务分析记录等，在调查之前需要列好目标企业的提问清单等。

了解委托方的诉求

无论制订财务尽职调查计划的时候需要考虑多少要素，其本质上都是为客户服务的，都是为了帮助委托方实现其商业目的。因此，了解委托方的诉求是必要的，这是调查人员工作的出发点，也是目的。委托方的诉求可以为我们的调查指明方向，让调查更高效、更精准，做到有的放矢，在精力分配上更有重点。那么，我们如何了解委托方的诉求呢？

了解委托方的诉求一般有以下几个途径：

（1）与委托方沟通为什么要收购或投资目标企业。

根据委托方调查目标企业的目的，财务尽职调查人员在调查过程中会有不同的侧重点，如委托方收购目标企业可能是为了扩大经营规模，提高市场份额，取得充足、廉价的生产原料和劳动力，获得先进的生产技术、管理经验、经营网络、专业人才等各类资源。如果是为了取得先进的生产技术，我们在调查时就应该侧重分析技术的发展潜力，如目标企业是否降低了产品和服务的成本并提高了质量，是否为消费者和企业提供了更多的创新产品与服务等。

(2）打探其对目标企业的了解程度。

委托方与尽职调查团队处于不同视角，对目标企业有不同看法。在正式调查前，尽职调查人员可以与委托方沟通，打探其了解到的目标企业存在的实质问题是什么，建议财务尽职调查重点关注的事项是什么。这样既对目标企业有了一个初步的了解，也可以得到委托方的建议，从而了解委托方的诉求。委托方对目标企业的了解可能无法面面俱到，在某些方面也会存在错漏。因此，需要我们在尽职调查过程中仔细甄别。譬如，有的企业可能表面上只有几个股东，但可能每个股东均代表同类几百个自然人持股，避免所有小股东联合起来制约大股东。

（3）倾听委托方对于财务尽职调查工作的看法和需求。

委托方的需求直接决定了财务尽职调查人员的委派。如果委托方需要大而全的详细报告，那么委派的财务尽职调查人员就应该经验老到，处理问题面面俱到。如果委托方仅仅是通过财务尽职调查而发现并解决某个小问题，那么委派的财务尽职调查人员就需要具备这个领域的专业知识。譬如，委托人想要调查目标企业的财务报表情况，我们就需要重视目标企业的会计报表真实性、担保责任、应收账款质量等问题。

了解委托方诉求的途径有很多，既可以线下面谈，也可以通过线上微信、腾讯会议等。在沟通的过程中，调查机构最好统一接待人，避免客户直接接触团队内部人员，统一有一个人对接需求，便于需求管理，可以防止打乱内部部署计划，专门的事交给专门的人来做也可以提高工作效率。需求沟通完，一定要面谈，并当面复述，确保客户需求的准确性。

在了解完委托方的诉求之后，我们还需要明晰目标企业的情况。这是因为财务尽职调查本质上就是帮助委托方了解目标企业的财务真实状况。

明晰目标企业的大体轮廓

目标企业是财务尽职调查的对象，在进行调查前，调查人员需要先对其大致轮廓有一定了解，以便后期调查团队展开工作。譬如，企业的规模决定了调查团队的人数，企业所属行业决定了团队调查人员的结构，企业的资料规模及管理决定了现场尽职调查的时间长短……总之，调查对象的一切都与调查工作的统筹安排有关，尽职调查之前对目标企业了解得越多就越能减少意外情况的发生。

那么，我们可以通过哪些方式了解目标企业的轮廓信息呢？

（1）通过各类工具了解目标企业的发展状况。

我们可以通过各种网上的搜索工具，获取目标企业的相关公开信息，并进一步了解其所在行业的发展状况。譬如，利用"国家企业信用信息公示系统"，查询相关行业和信息的公示、行证许可情况、行政处罚信息、列入经营异常名录信息、列入严重违法失信名单（黑名单）信息及公告信息。企业信息的查询途径在本章第2节中已经有详细的介绍，此处不再赘述。

（2）研读目标企业提供的商业计划书。

商业计划书通常包括企业的理念、规划、商业模式、产品、服务、销售模式、销售渠道、客户群、供应商等基本信息，是了解一家企业最直接的材料。它是企业或项目单位为了达到自身发展目标，譬如招商融资等，编辑整理出来的一个面向受众全面展示企业或项目状况、未来发展期望的书面材料，其目的在于为委托方提供一份创业的项目介绍，向他们展现项目的潜力和价值，并说服他们投资该项目。总的来说，目标企业打造商业计划书的目的是吸引项目投资。因此，其中可能会有一些隐瞒、欺骗的行为，我们需要认真甄别。

（3）要求查阅并大致梳理目标企业的财务报表。

有经验的财务尽职调查人员会特别注重目标企业的财务报表，他们会将资产负债表、利润表、现金流量表等重要财报按季报、中报、年报等不同类型厘清，仔细确认报表数据的勾稽关系是否正确，从而识别虚假的财务信息。为了动态地分析一家企业的经营变化，调查人员不能只看一年的财务报表，最好是看 5~15 年的财务报表。如果调查人员没有时间一份一份地看，可以使用相应的财务软件来完成财务分析。

（4）通过其提供的产品和服务洞悉目标企业的价值。

企业通过什么方式和途径为哪些客户提供什么产品和服务，决定了企业的经营优势、竞争对手、目标用户等，它对调查人员评估企业是否有发展潜力以及委托人收购企业后的发展方向有重要作用。

（5）目标企业的其他信息。

企业微信、企业网站、企业 OA、企业新媒体账号等，是了解企业结构、文化和其他信息的重要途径。不同途径的作用也不同。譬如，微信公众号用来展示品牌形象、展示产品线、提供咨询和售后服务等；微博等公共媒体为企业输出内容和价值观，并且可以和其用户产生互动。企业如果没有这些展示平台或计划，流量不足，说明企业的宣传存在缺点。通过这些平台展现的信息及用户的反馈信息，调查人员可以对目标企业提供的产品和服务有一个客观的认识。

制订好调查计划，了解委托方的诉求及目标企业，是进行财务尽职调查的大前提。这关系到调查团队后续的工作能否正常开展。在任何时候，充分的准备和细节的处理，更能看出尽职调查团队的水平。在进驻项目现场开展财务尽职调查前，做好上述准备工作，将大大提高财务尽职调查的工作效率，为项目的顺利进行打下坚实的基础。

2.4 如何做好财务尽职调查的基础分析

财务尽职调查是在开展投资活动之前必不可少的重要环节。只有做好财务尽职调查，投资者才能充分识别目标企业是否存在财务相关的风险，以便其做出更加谨慎的决策。现在的投资行业讲究的是"快准狠"。作为调查人员，我们只有踏实地做好财务尽职调查的基础分析，才能让后续流程又快又准确地展开。本节的内容主要是和大家探讨如何做好财务尽职调查的基础分析工作，着重介绍财务尽职调查的基本方法、目标企业经营信息分析、财务要素分析3个方面的内容。接下来就逐一展开，详细说明。

财务尽职调查的基本方法

财务尽职调查是投资方在与目标企业达成初步合作意向后，经协商一致，由投资方的财务人员对目标企业的财务状况进行现场调查、资料分析的一系列活动。这一系列活动依靠的就是审阅、数据分析、访谈、体察、体验5个基本方法。下面我们对这5个基本方法进行具体阐述。

（1）审阅。

审阅指的是仔细阅读各类企业财务报表和提供的其他报告、资料，继而发现关键及重大财务因素。进行审阅的目的，是要避免一些虚假的数据或者其他信息对委托人的决策造成错误引导。

譬如，审阅能够发现数据的虚假。企业数据量巨大，但是到底哪些对调查企业的真实情况有用呢？另外，大量的数据可能是经过"二次编辑"的结果，存在造假风险，刷单、制造"僵尸粉"，甚至直接修改后台数据等行为，都可能给投资带来损失，这种情况要格外注意。

又譬如，企业故意制造虚假的行业和市场趋势。有些行业趋势在目前看起来相当诱人，发展前景广阔。但需要注意的是，昙花一现的东西很多，有些趋势可以维持两三年，但四五年之后资本退潮，行业可能会"疲态尽显"。如果只是短期红利，很有可能企业还没布局完毕，行业环境就已经发生了变化。典型的行业如共享单车，过去火遍全国，热度甚至一度冲到国外，但时至今日，早已是一地鸡毛，曾经的行业引领者小黄车也早已退出市场。

目标企业被审阅后的财务数据是财务尽职调查分析的基础。这些数据为收购的定价提供了依据。因此，财务数据的质量直接影响到投资后所能获得的收益。如果财务数据无法真实反映业务情况，那么针对错误的财务数据展开分析及评估，极有可能会导致收购价格的偏差。

（2）数据分析。

在审阅目标企业的财务数据后，要对其进行全面、深入地分析。这里的数据分析主要是对目标企业的3大财务报表（资产负债表、利润表和现金流量表）进行分析。我们可以从2个维度进行分析：一是对本企业不同年份的3大财务报表进行对比分析；二是将本企业的3大财务报表与其他同行企业同年份的3大财务报表进行对比。因为财务数据对企业经营效率和效果有着直接体现，所以通过对这类数据进行分析，可以得到相对公正客观的评价。

在对本企业不同年份的3大财务报表进行对比分析时，需要重点关注企业资产及负债结构的变化。当某类财务报表在各个期间数据变动超过20%时需要格外注意，要通过任意2大财务报表之间的勾稽关系找平。如果找不平，则有可能存在财务造假。

在对本企业本年度财务报表与其他企业进行对比时，要将同一时期内的各项财务指标进行比较分析,以此摸清目标企业的问题和优势,如毛利率、净利率、现金流量比率、应收账款周转率、存货周转率、销售收现比率等都是需要关注的关键数据。如果是电商或销售型企业,还需要关注复购率、客单价、流量转化率等因素。图2-3是常见的财务指标分类。

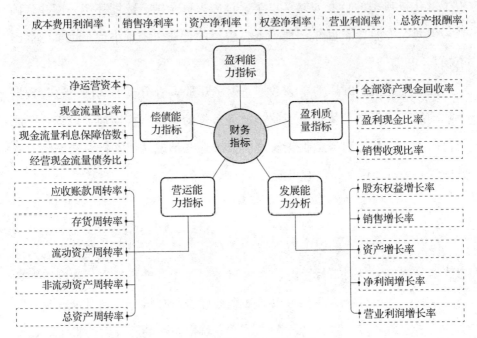

图2-3 常见的财务指标分类

(3)访谈。

访谈是财务尽职调查常用的方法。财务尽职调查人员需要与企业内部相关人员进行访谈,从而直接从他们口中得出一些具体的企业信息。在做访谈的过程中,需要根据目标企业的相关安排,协调好与目标企业关键成员的访谈时间。如果调查人员的问题清单和实际状况有出入,那么就需要根据目标企业的业务情况,按照访谈人员所负责的不同业务及具体情况,更新访谈的问题清单。在与目标企业管理层及相关业务负责人访谈的过程中,要着重了解访谈清单里需要了解的信息;同时,对管理层和相关业务负责人一笔带过的关键信息,要保持一定的敏感度,对这些信息,要与目标企业相关人员进行深入沟通。这些关键信息可能会影响收购方对目标企业未来业务的判断,也可能是影响目标企业估值的一些重要因素。

访谈的目的是收集信息,综合多方面的因素,为投资或并购决策提供依据。在调查人员进行访谈时,需要注意以下几个问题:

第一,根据自己的目的确定访谈的问题。在访谈前,一方面要考虑自己的信息需求,另一方面要结合具体的企业情况,针对不同的访谈对象,提前准备好提问的问题,在尽可能短的时间内获取目标企业更多的有效信息。

第二,尽量采用封闭式的提问,避免过多无效信息,同时也要辅以开放式问题。

第三,访谈过程中不要过于严肃,注意营造轻松的氛围。不要给目标企业的访谈对象制造过大的压力,让聊天在愉快轻松的氛围中进行。如果访谈过于严肃,会让目标企业的员工认为自己在接受审问,从而可能会隐瞒部分重要信息,造成调查结果的不准确。

(4)体察。

财务尽职调查的体察是指在观察企业员工行为的同时,站在他们的角度思考企业的财务问题。在财务尽职调查的过程中,除了预料之中的一些关键发现,还要做好出现数据异常的心理准备,譬如一些关键数据异常变动,或者和自己了解的业务情况不符等问题。针对这些问题,我们可以对目标企业相关人员进行进一步的观察。譬如,查看员工的工作情况,观察他们的任务完成情况;观摩生产和研发部门工作人员的工作状态;分析管理部门的管理方式,以及员工对此的接受和配合程度等。

更进一步的体察,是深入目标企业的上游供应商和下游客户,了解其与目标企业的交易历史,了解目标企业给予的信用结算期,以及对标的企业的评价及合作预期。这些体察工作都能加深我们对目标企业的认识与了解。

（5）体验。

调查人员还可以通过体验目标企业的产品和服务，来调查目标企业的真实经营状况。企业的资料可以造假，数据可以出错，但是，企业实际面向客户、面向消费者的产品和服务很难伪装。因此，为了保险起见，需要更深入地观察和了解目标企业的实际经营情况，一般财务尽职调查人员都会到目标企业现场调研，去体验目标企业的产品和服务等。

虽然对于不同行业、不同业务的目标企业，在财务尽职调查过程中的关注点会有所不同，但财务分析的基本方法、原则不会有太大的出入。在实际操作过程中，尽职调查人员可以根据实际情况，在这些基本方法的基础之上，设计不同的财务尽职调查具体方案，以适应不同行业、不同业务特点的企业，满足尽职调查分析的需求。

目标企业经营信息分析

在掌握财务尽职调查的基本方法之后，我们可以对一家企业的基本信息有一个相对完整的了解。接下来的问题是，如何对企业的基本信息进行分析。我们将从两个方面展开。

（1）企业的基本信息。

首先，我们需要了解企业的基本信息包括哪些，如企业性质、经营范围、成立时间、注册资金、员工人数、所在位置、占地面积等。此外，对于经营概况、发展情景等也必须有所了解，譬如企业的年营业额、库存周转天数、坏账率、行业相关的国家规定及政策、行业内的主要竞争对手等，调查者都必须做到心中有数。那么，如何对这些基本信息进行分析呢？我们可以从5个方面切入，如表2-3所示。

表2-3 分析企业基本信息的5个方面

序号	说明
1	目标企业的财务稳定性问题,如企业经营历史的稳定性如何、经营过程中有没有出现过大规模动荡的情况、目标企业能否经得起时间的考验等
2	目标企业的长期发展前景。这既取决于行业大环境,也取决于行业内的竞争对手。调查人员需要关注企业生存能力和未来成长能力
3	目标企业管理层的理性度,如企业管理层是否足够理性、有没有冲动鲁莽行为的前科、有无权力不受制约的管理者等。这些方面决定着投资者的钱能否用理性的模型计算回报率
4	目标企业管理层的坦诚度,如管理层对股东是否坦诚等。这决定着投资者能否获得应有报酬,以及对企业能否有一个真实的了解
5	目标企业的主营业务及其总体情况如何,是稳中求进、迅速发展,还是日暮西山。此外,主营业务是多元化发展,还是专注于某一领域等

在分析企业的基本情况时,调查人员需要特别注意是否存在股权方面的问题,如股权的变更与转让等。这些方面能够看出目标企业是否存在股权纠纷的问题,从而发现其中的风险。下面是对一家网络科技公司的股权情况的调查结果,从中我们可以看出该企业股权方面存在4个问题:

①账列股东与工商登记股东及认缴注册资本不符的问题。根据调查人员查阅账务资料,发现账列股东与工商登记股东不符的情况;根据与该网络科技公司财务总监沟通得知,工商登记股东是根据公司的决议进行了股权变更,但账务中未体现相关股权变更的情况,存在账实不符的情况。可能存在相关的股权风险。

②注册资本实缴的问题。根据账列财务数据显示,该网络科技公司各股东已实缴注册资本5263158元,但工商登记信息中还是显示0元,存在账实不符的情况。

③股权转让价格的问题。根据深圳市市场监督管理局登记信息查询得知,该网络科技公司共经过了数次股权变更,未经第三方机构进行验资,并且都是选择平价转让、1元转让甚至是0元转让,存在股权转让价格不

公允被税务局追缴税款的税务风险。根据我们查询账务资料，没有相关股权转让代扣代缴税金的情况，也未缴纳股权转让印花税，存在一定的税务风险。

④以前遗留的股权问题。根据该网络科技公司提供的工商内档资料，以及对该网络科技公司法人李某的访谈得知，李某与谢某之间的股权变更是该网络科技公司股东与深圳××有限公司及其关联方的历史遗留问题。谢某作为深圳××有限公司的原股东，因深圳××有限公司债务问题而投资亏损，深圳××有限公司原投资方方某等股东曾向谢某承诺给予股份。2017年8月的股权转让为兑现当初给予谢某一定股权的承诺，谢某出具了保证书，保证不再就原深圳××有限公司的股权问题向该网络科技公司及股东主张权利。因该网络科技公司股东与深圳××有限公司及其子公司深圳市某有限公司存在关联关系，其中背后隐含的风险及问题通过该网络科技公司提供的资料无法完全核实，无法排除原深圳××有限公司的股东与×公司及其股东之间存在其他口头或书面形式的承诺，从而影响×公司的股权稳定性，可能还存在相关的股权纠纷。

考虑完这些方面的问题后，接下来要对企业能力进行分析，其目的是发现企业的真实经营和财务状况。

（2）企业内部信息。

分析完企业的基本信息之后，下一步就是针对企业内部信息进行进一步分析了。企业内部信息反映了企业在生产、经营过程中的内部情况，包括目标企业的管理部门、生产活动、经济、技术、人事等方面的信息。在分析企业内部信息时，需要确认企业的业务、管理层、财务、产品或服务、客户、供应商、竞争者、监管机构等方面的具体资料。

在针对目标企业内部财务状况进行分析的过程中，有3个方面需要特别注意。一是近年来的经营情况，看看发展态势是否有问题；二是主营业务收入,尤其需要注意的是净利润的完成情况;三是上市企业募集资金的使用情况,看看有无违规使用的情况。通过总结上市企业近年来的生产经营情况,并将主营业务的收入、利润指标等数据与往年同期进行对比,就可以看出企业在生产经营方面的大致情况,并掌握企业可能存在的问题。此外,尤其要关注募集资金的使用,看看其是否与招股说明书的用途一致。如果发现募集资金的用途被改变,则应重点关注年报的具体说明,以查明原因。

关于企业内部财务状况的分析,是财务尽职调查的重中之重,我们将在下文详细展开。

目标企业财务要素分析

一般来说,需要调查人员着重注意的财务要素有7个,分别是:收入分析、成本分析、盈亏分析、财务报表分析、财务核算分析、财务合规性分析以及期间费用分析。下面我们将分别具体说明。

(1)收入分析。

无论何时,企业收入都是判定一个企业盈利质量的核心指标。财务尽职调查人员通常会通过目标企业前几年的收入状况来对其进行估值,预测这家企业未来的发展状况。

那么,该如何合理地对企业收入进行分析呢?我们首先要了解从哪些方面着手。在分析企业收入时,可以从企业所在的行业、商业模式、产品、内部控制管理、客户、订单、财务与业务指标等方面进行考量。具体可以概括为以下4个方面。

①看目标企业的商业模式、盈利模式、销售模式、客户特点等是否符合这家企业所处行业的惯例。

②同时,要判断企业收入的确认方式与实际情况的区别,了解清楚收入确认节点、销售折扣、退回等情况与具体实际情况的差异。调查这些内容,有利于我们判断目标企业的销售流程是否存在疏漏。

③调查企业收入与企业订单流、资金流、物流的匹配度，了解订单流的信息是否清晰明了，资金流是否到位，以及物流时间、信息记录等是否匹配，存不存在企业实际收入与订单流严重不匹配、资金不到位、物流时间出现错乱等问题。

④调查人员一定要着重关注目标企业的各项收入是否符合相关财务指标的规定。调查人员必须清楚地判断各项财务指标是否合理、利率与收入成本等配比是否合适、收入指标是否合法合规等问题。

在调查过程中，调查人员也可以适当利用一些资料来辅助调查。譬如，目标企业的公开资料、目标企业的业务数据，对目标企业管理层的采访资料，目标企业的相关销售合同、章程，供应商的销售清单与采购订单，目标企业的财务报表、资金流动向等。这些资料都可以为财务尽职调查工作提供极大的便利。

（2）成本分析。

在对企业收入有了一定了解之后，再来看看企业成本。企业的成本分析，是指利用核算手段，对企业成本水平和结构进行系统剖析，以此来评判企业成本要素对企业经营风险和估值的影响。企业自身对成本进行分析，可以有效地完善经营策略、制订降低成本的经营计划。然而，如果从财务尽职调查的角度来分析成本，我们不难发现，一些企业成本造假现象十分严重。

我们可以列举一个事例。被誉为"农业界华为"的某生态工程集团是一家上市企业，在2015年至2018年，该企业本部及其部分子企业通过某种不法手段与某些供应商签订虚构合同，"完成"了多项"零成本"项目，光是开展无实物流转的虚构贸易业务，就让该企业在短短3年累计虚增成本210.84亿元。最终该企业"玩火自焚"，面临大额罚款和其他处罚。

从财务尽职调查的角度来分析企业的成本投入，成本投入越大说明企业的现金流越大,对投资者而言,这就是有潜力的企业。而事实上,虚假的成本会让投资者很难真正获得收益,只会让企业获得巨额的投资。这样只需篡改数据就能获得大笔"收入"的事情,在那些擅长财务造假的企业看来是一件十分轻松的事情。这就不难解释为什么该企业会动这个歪心思了。

(3)盈亏分析。

接下来,我们再来了解一下目标企业的盈亏分析。事实上,几乎所有企业都无法避免财务数据的盈亏分析。因为除了少量的公益性质的组织,几乎所有企业都以盈利为目的。对于大部分企业来说,盈利的质量和能力无疑是投资者最需要关注的。

要想分析盈利情况,首先我们需要关注目标企业产品的业务组成情况和主要盈利模式。譬如,企业的哪些产品属于主打的盈利产品?每笔交易的盈利额具体是多少?每个季度有多少盈利额?等等。了解了这些具体数据,调查人员就可以利用它们来分析目标企业的盈利情况了。表2-4是主营业务盈利表示例。

表2-4 主营业务盈利表示例

主营业务	科目名称	年份				
		2017年	2018年	2019年	2020年	2021年
主营业务A	收入(万元)					
	成本(万元)					
	毛利率(%)					
主营业务B	收入(万元)					
	成本(万元)					
	毛利率(%)					
主营业务C	收入(万元)					
	成本(万元)					
	毛利率(%)					

在过去几年中，目标企业有哪些主营业务，收入、成本和毛利率分别是多少，除了从金额方面做比较，我们还可以在主营业务增速的变化趋势、占企业总体业务的比重方面分析主营业务的变化情况。通过对主营业务的分析，投资方和调查者可以看出目标企业的商业价值，从而判断出企业未来的财务状况。

我们以某体育文化公司的主营业务为例。在某次财务尽职调查中，调查人员了解到该公司的主营业务是针对青少年进行专业体能训练。该公司的主要经营模式为会员制，按照会员培训课时收取费用。具体收费明细如表 2-5 所示。

表 2-5 某体育文化公司主营业务的收费标准

课时包（课时）	原价（元）	优惠价（元）	课时单价（元）	有效期
30	9000	9000	300	自启用日 6 个月
60	18000	16200	270	自启用日 10 个月
90	27000	20700	230	自启用日 15 个月
120	36000	25200	210	自启用日 20 个月
150	45000	28500	190	自启用日 25 个月
200	60000	36000	180	自启用日 32 个月
300	90000	51000	170	自启用日 50 个月

然后，再对该体育文化公司主营业务的经营成果进行分析。根据该公司近 3 年的经营成果，我们可以得到以下账列数据，如表 2-6 所示。

表 2-6 某体育文化公司主营业务近 3 年的账列数据

（单位：元）

项目	2016 年度	2017 年度	2018 年 1~10 月
存货	83508.80	649782.01	725521.32
流动资产合计	941498.00	2374665.31	6892261.45
资产合计	1752256.42	3216274.64	7949512.07

（续）

项目	2016年度	2017年度	2018年1~10月
流动负债合计	3307817.70	9685403.01	21762159.27
负债合计	3307817.70	9685403.01	21762159.27
所有者权益合计	−1555561.28	−6469128.37	−13812647.20
营业收入	3390018.94	6965771.12	6163496.26
成本费用	6745580.22	11879338.21	21617063.13
净利润	−3355561.28	−4913567.09	−15511572.74

最后，再根据主营业务的账列数据，选用恰当的盈利能力指标，分析目标企业实际的盈利能力。在这里，我们可以选择净资产收益率、毛利率、营业净利率等盈利能力指标来进行分析，如表2-7所示。

表2-7 某体育文化公司的盈利能力指标情况

盈利能力指标	2016年度	2017年度	2018年1~10月
净资产收益率	215.71%	75.95%	112.30%
毛利率	−47.46%	−2.66%	−40.39%
营业净利率	−98.98%	−70.54%	−251.67%

根据以上数据情况，财务尽职调查人员最终得出关于该目标企业的3条结论：

①由于该体育文化公司一直处于亏损状态，净资产也为负数，净资产收益率无法进行参考对比。

②由于该体育文化公司现处于起步发展阶段，前期投入较大，所以毛利为负数，主要投入为租赁费、教练工资及场馆装修费。

③由于该体育文化公司处于起步发展阶段，前期投入加大，所以净利润为负数。

通过分析可以看出，该体育文化公司的盈利状况并不理想。

在分析目标企业盈利状况的同时,调查人员还要分析其客户,包括主营业务的客户群体、客户类别、前五大客户占比情况及变化、前十大客户占比情况及变化等。针对某企业的财务尽职调查列出了该企业签约金额在200万元以上的客户名单,如表2-8所示,从中我们可以得知该企业主要大客户的分布及其关联情况。

表2-8 某企业签约金额在200万元以上的大客户名单

序号	客户名称	合同金额(万元)
1	广州××家居股份有限公司	1500
2	××家装电子商务有限公司	600
3	××木门集团有限公司	550
4	××地产置业有限公司	500
5	江西××数字传媒科技有限公司	415
6	××电器集团有限公司	400
7	浙江××电器有限公司	300
8	惠××股份有限公司	280
9	蒙××股份有限公司	250
10	东××有限公司	240
11	广州××网络科技有限公司	240
12	××卫浴集团有限公司	230
13	陶××(中国)有限公司	230
14	广东××有限公司	200
15	上海××商务咨询有限公司	200
16	××照明股份有限公司	200

客户需求是支撑一个企业能够正常盈利的关键。财务尽职调查人员需要判断这个企业能否真正提供客户需要的产品或服务,以此来判断其盈利状况是否稳定,经营策略是否有前瞻性和市场竞争力,从而准确分析其估值。

（4）财务报表分析。

财务报表对于企业来说是十分重要的，它可以直接表现出企业的资产、负债、盈利和现金流情况，从而反映企业的真实经营状况。譬如，我们可以通过看负债占资产总额的百分比，来观察和分析目标企业的债务风险等级，占比越高说明其债务风险越大。可以说，一份精确的财务报表就是企业对内和对外沟通的一座桥梁。

财务报表体现了企业的财务状况。根据企业的经营情况，管理者可以针对性地进行管理和决策。此外，无论是投资方还是贷款机构，他们都比较看重企业的财务数据。而税务部门、监管部门也比较关注企业财务报表的真实性和其中体现出的经营风险。作为调查人员，我们需要明白的是，分析财务报表是为了发现其中的问题，而非解决问题。那么，我们该如何利用财务报表来发现企业的财务问题呢？我们可以参考以下3种方法，如表2-9所示。

表2-9 财务报表分析常用的3种方法

分析方法	说明
比较分析法	将财务报表中2个或2个以上相关指标进行对比，推算出它们之间的差异，然后进行分析和比较，找出不同的原因。可以通过本期和上期进行比较，也可以通过本期的计划与实际完成情况进行比较
比率分析法	通过计算、比较各个科目指标的比率，来确定相对数差异的一种方法。将同一张财务报表中的2项经济指标进行对比，将不同财务报表中不同科目的数据进行比较
因素分析法	首先确定财务报表中有互相关联的几个因素，再以具体的数值测定各因素对总的差异的影响程度

（5）财务核算分析。

财务核算是监督企业生产和内部管理的一项活动。企业需要进行财务核算的项目主要有：企业的收入、支出、费用及成本；企业财物的收发、增减和使用情况；企业资本、基金的增减；企业款项和证券的收付；企业债权债务的发生和结算；企业需要进行会计核算的其他事项。对于目标企业的财务核算，调查人员可以从5个方面来分析，如表2-10所示。

表2-10 财务核算的5个方面

序号	项目	说明
1	收入、成本核算原则与方法	了解目标企业的收入、成本核算方式。据调查，现在许多企业是通过开发票或者收付实现制度来核算收入和成本。此外，企业往往还需要通过权责发生制来完善核算机制
2	财务核算软件	统一记成电子账是最正确的处理方式。如果有手工账，应该把它规范为电子账，使其更加清晰明了
3	发票情况	调查人员不仅需要了解采购、销售等的基本发票情况，还需要注意目标企业是否存在虚开票或者买票等恶劣的偷税漏税行为
4	现金流与个人卡	了解该目标企业是否存在通过个人卡交易现金流、收款付款的情况
5	采供销单据	重点调查其仓库账情况，看看采供销单据是否仍然存留或者流转到了何处，确认该企业是否存在仓库进销存账的状况

（6）财务合规性分析。

无论何时，企业都不能脱离法律从事任何行为，财务行为同样如此。

所谓的财务合规性，是指企业的一切经济活动都需要符合国家法律、法规、方针政策及内部控制制度等要求。事实上，社会上违反法律、偷税漏税、通过不法手段来谋取利益的企业不在少数："某华生活"企业信息披露违法，是一起实际控制人指使上市企业实施财务造假的典型案件；"广州某奇"企业信息披露违规，是一起系统性财务造假的典型案件；"宁波某力"企业信息披露违法违规，是一起虚构供应链业务实施财务造假的案件。以上这些案例，给各个行业的企业都敲响了警钟——企业需要进行合规性审计，以此来对企业的财务情况进行监督。如何做企业财务合规性分析呢？我们可以从以下4个角度出发，如表2-11所示。

表 2-11　财务合规性分析的 4 个角度

序号	项目	说明
1	检查财务报表的真实度	调查人员需要对目标企业的财务报表进行梳理，将企业的资产（包括有形资产、无形资产以及来往账目等）与企业的成本、收入进行匹配，像做税务筹划那样去分析企业财务报表的合规性
2	检查企业的税务合规性	对于大部分企业而言，少负债，多赚钱，是它们的最终追求。有些企业为了达到这个目的，会采取两套账、公私户的做法，以减少税收。仔细审阅企业的真实收入，看其纳税项目是否按真实收入完成
3	检查财务模型是否符合行业惯例	财务模型能够直接反映一家企业的商业模式，是调查人员和投资者对其进行估价的数据基础。不同类型的企业财务模型侧重点可能会不尽相同。如产品迭代迅速的科技型企业，其财务模型会着重描述产品行业渗透率和毛利的稳定性
4	检查关键业务的合规性	不同企业往往都拥有自己的关键业务，也称核心业务。在调查这些业务时，调查人员不仅要考虑关键业务的形式是否合规，还要对业务交易的可披露性、业务本质的合规性进行考量

（7）期间费用分析。

期间费用和企业的成本一样，都属于十分重要的费用类科目。期间费用主要由销售费用、管理费用、财务费用等组成。想要合理地对期间费用做出分析，财务尽职调查人员首先需要了解各费用是如何计量分摊的。

一般来说，如果粗略划分的话，那么企业会直接将销售部门、管理部门、财务部门等发生的费用分类归入销售费用、管理费用和财务费用等。而规模越大的企业，分类也就越细致。这个时候，企业就会在各种费用下面设置更细的末级科目，就像采用"剥洋葱"的方法一样，企业在经营过程中发生的不同成本，会根据其发生的性质归入这些末级科目里，从而计入相应的期间费用。

在具体了解了企业期间费用的计量方法后，我们就应该对这种分类是否合理做出一个准确的判断。对于那些金额比较重大的消费，一般来说，企业相关部门的工作人员会在处理时将其挑选出来，然后展开小组商议，最后再上交给企业高层人员过目。接下来，需要针对期间费用内包含的明细项目进行分析，层层筛选，再次采用"剥洋葱"的方法，也就是针对各期间费用项下包含的各末级科目或成本中心发生的费用按照性质开展分析，如果期间费用下的细项较多，则将这些细项费用按性质进行分类分析。

财务分析不仅是财务尽职调查中基础分析的重点，也是了解企业真实财务状况的必要程序。理解了以上财务分析的7个方面，我们在做财务尽职调查的实务时，就能更透彻地洞悉目标企业的真实状况。

2.5 必须深入调查的核心要素有哪些

了解完财务尽职调查的基础分析，接下来要学习的是财务尽职调查的核心要素。由于时间和精力的限制，在财务尽职调查的过程中，调查人员不能眉毛胡子一把抓，必须要有所侧重，抓住核心要素。那么，需要深入调查的核心要素有哪些？调查人员应该在哪些重点调查项目上进行审阅、分析以及访谈，又应该如何做好财务报表的分析呢？在本节中，我们将就此具体展开说明。

财务报表详解

一份完整的财务报表是由资产负债表、利润表、现金流量表（主表和补充资料）、财务状况变动表等组成的。其中，资产负债表、利润表、现金流量表是最主要的3张财务报表，且每张报表包含不同的科目，体现着企业不同的数据及信息。财务尽职调查人员只有全方位分析目标企业的财务报表，才能够挤干企业的财务水分，看见其真实的财务状况。

（1）财务报表分析的重要性和注意事项。

如果把财务尽职调查目标企业的各项数据比作一个大家庭的话，那么财务报表就可以算作这个大家庭的管家了。它全方位、系统性地揭示了目标企业一段时间内的经营现状、财务情况。对于投资者来说，真实的财务报表可以帮助他们更好地掌握目标企业的财务状况、经营现状以及资金流动情况，还可以帮助他们掌握企业各个部门的业绩。这有助于投资者做出更完美的决策。另外，分析目标企业的财务报表，可以帮助投资者预测目标企业的发展前景，进而分析其盈利情况，直接影响到他们是否选择继续投资等。

我们还需要知道，财务报表也是分析目标企业是否遵守国家各项法规制度、是否有偷税漏税行为的关键所在。因此，财务尽职调查人员对财务报表的分析需要十分细致，从报表科目、真实度到种类等都要兼顾。但是，对财务报表的分析并没有明确、固化的流程和模式，调查人员需要根据具体项目来制定相应的分析策略。报表分析数据必须与企业业务调查紧密结合，以保证调查结果的客观性、有效性。

（2）资产负债表。

资产负债表是非常重要的会计报表之一。它是财务报表中鲜少能从整体上表现企业经营状况的报表，如表 2-12 所示。

表 2-12 资产负债表的一般格式

编制单位： 　　　　　　年月： 　　　　　　货币单位：人民币（元）

资产	行次	期末余额	负债和所有者权益	行次	期末余额
流动资产：	1		流动负债：	36	
货币资金	2		短期借款	37	
交易性金融资产	3		交易性金融负债	38	
应收票据	4		应付票据	39	
应收账款	5		应付账款	40	
预付款项	6		预收款项	41	
应收利息	7		应付职工薪酬	42	

（续）

资产	行次	期末余额	负债和所有者权益	行次	期末余额
应收股利	8		应交税费	43	
其他应收款	9		应付利息	44	
存货	10		应付股利	45	
其中：持有待售资产	11		其他应付款	46	
待摊费用	12		预提费用	47	
一年内到期的非流动资产	13		一年内到期的非流动负债	48	
其他流动资产	14		其他流动负债	49	
流动资产合计	15		流动负债合计	50	
非流动资产：	16		非流动负债：	51	
可供出售金融资产	17		长期借款	52	
持有至到期投资	18		应付债券	53	
长期应收款	19		长期应付款	54	
长期股权投资	20		专项应付款	55	
投资性房地产	21		预计负债	56	
固定资产	22		递延所得税负债	57	
在建工程	23		其他非流动负债	58	
工程物资	24		非流动负债合计	59	
固定资产清理	25		负债合计	60	
生产性生物资产	26		所有者权益（或股东权益）：	61	
油气资产	27		实收资本（或股本）	62	
无形资产	28		资本公积	63	
开发支出	29		减：库存股	64	
商誉	30		盈余公积	65	
长期待摊费用	31		未分配利润	66	
递延所得税资产	32		所有者权益（或股东权益）合计	67	
其他非流动资产	33		—	68	
非流动资产合计	34		—	69	
资产总计	35		负债和所有者权益（或股东权益）总计	70	

资产负债表可以从整体上反映企业在某段时间内的全部资产变动，可以全面地统计这段时间内企业所有的负债和所有者权益信息。它可以全面地以静态报表的形式，呈现目标企业在某段时间内的动态经营状况，把企业的经营状况转化为转账、分录、试算、分类账以及调整等程序，把特定日期的静态企业情况作为基准。它表明企业在某一特定日期所承担的经济义务，以及企业所拥有的经济资源，还有企业所有者对净资产的要求权。如果说财务报表是大管家的话，那么资产负债表就可以比喻为管家的总计账本，反映了目标企业在这段时间内的财产状况和资金分布情况。

我们以对某网络科技公司的财务尽职调查为例。调查小组查阅了该公司的资产负债表，并做了一个整理，如表2-13和表2-14所示。

表2-13 该网络科技公司截至2018年11月30日的资产账列明细情况

（单位：元）

项目	2015年期末	2016年期末	2017年期末	2018年11月30日
货币资金	62736.74	276003.18	1489858.81	2684256.97
应收账款	—	6421.73	—	831996.04
预付款项				736732.75
其他应收款	2367693.09	3358063.03	2484487.34	7951381.77
存货	—	115470.40	538119.72	1883406.84
流动资产合计	2430429.83	3755958.34	4512465.87	14087774.37
长期股权投资	400000.00	400000.00		
固定资产	28708.00	1057952.54	716963.78	367751.91
无形资产	—	185400.00	185400.00	185400.00
开发支出	—	—	750366.21	750366.21
非流动资产合计	428708.00	1643352.54	1652729.99	1303518.12
资产合计	2859137.83	5399310.88	6165195.86	15391292.49

表 2-14 该网络科技公司截至 2018 年 11 月 30 日负债及所有者权益账列明细情况

(单位：元)

项目	2015 年期末	2016 年期末	2017 年期末	2018 年 11 月 30 日
应付账款	6056.02	173310.91	34510.00	—
预收款项	84646.51	—	661739.91	—
应付职工薪酬	464329.97	464802.43	151279.54	166488.10
应交税费	873.79	24707.58	58414.22	-308695.72
其他应付款	1148636.24	5381171.40	6623756.50	14335330.13
流动负债合计	1704542.53	6043992.32	7529700.17	14193122.51
其他非流动负债	—	45.68	45.68	45.68
非流动负债合计	—	45.68	45.68	45.68
负债合计	1704542.53	6044038.00	7529745.85	14193168.19
实收资本	4520500.00	5263158.00	5263158.00	5263158.00
资本公积	—	11870499.00	11870499.00	11870499.00
未分配利润	-3365904.70	-17778384.12	-18498206.99	-15935532.70
所有者权益合计	1154595.30	-644727.12	-1364549.99	1198124.30
负债和所有者权益（或股东权益）总计	2859137.83	5399310.88	6165195.86	15391292.49

在对该网络科技公司的资产负债情况进行整理，并查阅相关的资料和进行相关人员的访谈之后，得出了关于该企业资产及负债情况的结论：

①负债问题。

根据提供的资料发现，该网络科技公司存在向关联方借款的情况，但未提供相关借款合同、借款利息及还款时间，可能存在潜在的负债风险。

②固定资产的问题。

首先，经调查人员对固定资产核查发现，该公司固定资产为电子设备和办公家具，共 50 项资产。根据调查人员对账列固定资产与固定资产明细表进行核对，发现账列固定资产与固定资产明细表不符。固定资产差异的原因为：2016 年 8 月出售固定资产 37500 元，明细账有冲减，但是固定资产卡片没有减掉相应的金额。累计折旧差异的原因为：2016年6月至2016年12月折旧记错科目，应该记管理费用的金额为67606.76元，但记到了累计折旧的借方；2017年1月至2017年12月折旧记错科目，应该记管理费用的金额为44333.28元，但记到了累计折旧的借方；2016年8月31日出售固定资产，在累计折旧明细账做了减少7745.68元；合计相差金额104194.36元。这说明该公司的资产存在账实不符的情况。

再者，经调查人员对该公司固定资产进行盘点发现，各项固定资产未进行统一编号，无法与账列的固定资产一一对应。固定资产没有专人管理。该公司与关联方的固定资产没有明细区分，只能根据使用人员来确认固定资产的归属。这说明该公司的资产存在资产管理不善的情况。

从以上对目标企业资产负债表分析的案例中，财务尽职调查人员可以发现目标企业的资产是否属实、管理是否良好的情况，并以此作为编制财务尽职调查报告的依据。

除此之外，调查人员要注意的是，资产负债表是有时间限制的，它只能反应某一时间段内企业的资金分布状况，而无法体现该时间段以外的财产分布状况。我们在调查分析时，一定要注意它的时间前提。

（3）利润表。

利润表也是财务报表中不可或缺的一部分。与资产负债表不同的是，利润表是一种反映企业经营资金动态变动的报表，主要提供有关企业经营成果方面的资金信息，属于动态会计报表的一种，如表2-15所示。

表2-15 利润表的一般格式

编制单位： 　　　　年月： 　　　　货币单位：人民币（元）

项目	行次	预算年金额
一、营业收入	1	
减：营业成本	2	

（续）

项目	行次	预算年金额
营业税金及附加	3	
销售费用	4	
管理费用	5	
财务费用	6	
资产减值损失	7	
加：公允价值变动收益（损失以"-"号填列）	8	
投资收益（损失以"-"号填列）	9	
二、营业利润（亏损以"-"号填列）	10	
加：营业外收入	11	
减：营业外支出	12	
三、利润总额（亏损以"-"号填列）	13	
减：所得税	14	
四、净利润（亏损以"-"号填列）	15	
补充资料：（非常项目）	16	
1. 出售、处置部门或被投资单位所得收益	17	
2. 自然灾害发生的损失	18	
3. 会计政策变更增加（或减少）利润总额	19	
4. 会计估计变更增加（或减少）利润总额	20	
5. 债务重组损失	21	
6. 其他	22	
五、每股收益：	23	
（一）基本每股收益	24	
（二）稀释每股收益	25	

一般来说，一份完整的利润表包括表首、正表两部分。表首一般用来说明报表的编制单位、日期、报表编号、所用货币的名称、计量单位等。利润表的主体反映了企业的经营成果，包含的项目有主营业务收入、主营业务利润、营业利润、利润总额等。无论是什么企业，在一定时间

段内，其经营既可能盈利，也可能亏损，因此利润表也通常被称为"损益表"。

利润表的正表部分一般有单步式利润表和多步式利润表。利润表就像是一个动态报告，能够反映企业在某个时间段内的业务经营状况，让财务尽职调查人员可以直接明了地得知企业获取利润能力的大小、潜力以及经营趋势等指标信息。利润表主要比较了收入和与之相配比的成本和费用，展现了企业经营所取得的利润。

财务尽职调查人员在审阅目标企业的利润表时，要匹配并对比企业的主营业务收入、主营业务成本、主营业务利润、其他业务利润、营业管理费用、营业利润、利润总额等数据。在查阅利润表时，调查人员要与上市公司的财务情况说明书联系起来。在这份说明书中，会详细阐明企业的经营及生产状况、利润实现及分配情况、应收账款和存货周转情况、各项财产物资变动情况、税金的缴纳情况等事项。这些事项能够反映利润表的数据是否属实，从而推断出企业真实的盈利和亏损情况。

（4）现金流量表。

现金流量表是三大财务报表中最简单，但是最能够反映企业真实财务状况的表格。顾名思义，现金流量表自然与"现金"脱不了干系。它一般被用来反映企业一定期间的经营活动、投资活动、筹资活动产生现金流量的全貌。现金流量表一般包括主表和附表两张表格，如表2-16和表2-17所示。

与其他财务报表不同的是，现金流量表作为一种数据分析工具，主要被用来判断目标企业的短期生存能力，尤其是缴付账单的能力。它和利润表一样，都是动态报表。它反映了目标企业在某段时期现金流入和现金流出的动态状况。实质上，其组成内容与资产负债表和利润表是一样的。

表 2-16 现金流量表主表的一般格式

编制单位：　　　　　　　　　年月：　　　　　　　　货币单位：人民币（元）

项目	行次	本期金额	上期金额
一、经营活动产生的现金流量：	1		
销售商品、提供劳务收到的现金	2		
收到的税费返还	3		
收到其他与经营活动有关的现金	4		
经营活动现金流入小计	5		
购买商品、接受劳务支付的现金	6		
支付给职工以及为职工支付的现金	7		
支付的各项税费	8		
支付其他与经营活动有关的现金	9		
经营活动现金流出小计	10		
经营活动产生的现金流量净额	11		
二、投资活动产生的现金流量：	12		
收回投资收到的现金	13		
取得投资收益收到的现金	14		
处置固定资产、无形资产和其他长期资产收回的现金净额	15		
处置子公司及其他营业单位收到的现金净额	16		
收到其他与投资活动有关的现金	17		
投资活动现金流入小计	18		
购建固定资产、无形资产和其他长期资产支付的现金	19		
投资支付的现金	20		
取得子公司及其他营业单位支付的现金净额	21		
支付其他与投资活动有关的现金	22		
投资活动现金流出小计	23		
投资活动产生的现金流量净额	24		
三、筹资活动产生的现金流量：	25		
吸收投资收到的现金	26		

（续）

项目	行次	本期金额	上期金额
取得借款收到的现金	27		
发行债券收到的现金	28		
收到其他与筹资活动有关的现金	29		
筹资活动现金流入小计	30		
偿还债务支付的现金	31		
分配股利、利润或偿付利息支付的现金	32		
其中：子公司支付给少数股东的股利、利润	33		
支付其他与筹资活动有关的现金	34		
筹资活动现金流出小计	35		
筹资活动产生的现金流量净额	36		
四、汇率变动对现金及现金等价物的影响	37		
五、现金及现金等价物净增加额	38		
加：期初现金及现金等价物余额	39		
六、期末现金及现金等价物余额	40		

表2-17 现金流量表附表的一般格式

制表单位： 　　　　　年月： 　　　　　货币单位：人民币（元）

补充资料	行次	本期金额	上期金额
一、将净利润调节为经营活动现金流量：	1		
净利润	2		
加：资产减值准备	3		
固定资产折旧、油气资产折耗、生产性生物资产折旧	4		
无形资产摊销	5		
长期待摊费用摊销	6		
处置固定资产、无形资产和其他长期资产的损失（收益以"-"号填列）	7		
固定资产报废损失（收益以"-"号填列）	8		
公允价值变动损失（收益以"-"号填列）	9		
财务费用（收益以"-"号填列）	10		

（续）

补充资料	行次	本期金额	上期金额
投资损失（收益以"-"号填列）	11		
递延所得税资产减少（增加以"-"号填列）	12		
递延所得税负债增加（减少以"-"号填列）	13		
存货的减少（增加以"-"号填列）	14		
经营性应收项目的减少（增加以"-"号填列）	15		
经营性应付项目的增加（减少以"-"号填列）	16		
其他	17		
经营活动产生的现金流量净额	18		
二、不涉及现金收支的重大投资和筹资活动：	19		
债务转为资本	20		
一年内到期的可转换公司债券	21		
融资租入固定资产	22		
三、现金及现金等价物净变动情况：	23		
现金的期末余额	24		
减：现金的期初余额	25		
加：现金等价物的期末余额	26		
减：现金等价物的期初余额	27		
现金及现金等价物净增加额	28		

将现金流量表、附表与企业财务年报中的其他项目结合起来分析，不仅可以帮助企业的投资者或者债权者对企业的经营情况有更全面的了解，还可以帮助调查人员获得更准确、更真实的数据。

举一个通俗的例子，现金流量表就像是财务报表这个"老管家"手里的"健康体检表"。通过这份报表，财务尽职调查人员可以判断出目标企业的经营状况是否健康。众所周知，企业的经营活动、投资活动和筹资活动等对企业现金的流入和流出影响巨大。换言之，它们就是企业是否健康运行的基本标准。通过现金流量表，调查人员可以清晰地看到目标企业的利润、财务状况以及财务管理情况，进而可以判断这家企业是否有创造利润的能力、是否存在内在的经营问题、经营活动产生的现金流能否支付股利与保持股本的生产能力等。最后，通过现金流量表，财务尽职调查人员能够得出这家企业能否长远健康发展的结论。

在审阅、分析目标企业的现金流量表时，调查人员需要着重考虑以下2个问题。

①现金流量表与目标企业的资产负债表和利润表是否存在正确的勾稽关系。采用间接法制做出来的现金流量表，是通过利用资产、负债、所有者权益的本期净增加额或增减发生额来进行填报工作，与资产负债表存在勾稽关系。若二者数据找不平，则可能存在财务造假问题。相同地，我们也可以通过这种方式找平现金流量表与利润表的勾稽关系。

②注意通过现金流量表调查企业筹措、生成现金的能力。一个企业的发展，离不开新鲜血液的助力与浇灌，现金流量表可以在帮助企业获得新鲜血液的同时，再另外产生新鲜血液，也就是资金流的不断回转。财务尽职调查人员要分析，现金流量表数据的背后，企业是通过何种经营方式筹措资金的，现金的增加形式是怎样的。

现金流量表可以让调查人员了解到目标企业现金的来源以及去向，直观且简洁。从现金流量的角度，财务尽职调查人员对企业的经营状况可以进行全方位的考核。

企业业务情况

财务尽职调查能够解决的一个问题是，考察目标企业的运营能力，对目标企业的基础业务和主营业务进行全面的调查，确定企业是否有能力实现其商业计划。有条件的话，调查人员还需要了解、检查目标业务的运营职能和结构流程，争取帮助委托方在投资或并购过程中尽量实现风险最小化、利益最大化。

在调查目标企业的业务情况时，财务尽职调查人员需要注意 5 个关键点，如表 2-18 所示。

表 2-18　调查目标企业业务情况需要注意的 5 个关键点

序号	项目	说明
1	主要产品或服务情况	一般为了反映企业主要产品及服务情况，调查人员需要全面调查企业主营业务，可以通过统计成本及毛利率情况以及企业最近两年一期的不同类别产品及服务的收入等数据来调查企业的业务
2	企业客户	调查人员需要了解企业客户的具体情况，包括客户人群、组成、重要客户群体等信息。此外，调查人员还需要关注客户与市场的关系，需要调查是否存在企业对主要客户的依赖度过高等不良盈利情况，看看客户集中度是否存在过高或者过低等情况
3	供应商	了解企业主要的供应商信息，调查是否存在主要供应商依赖以及供应商集中度过高或过低等情况。统计供应商和材料的匹配度，尤其要注意的是两年一期的前几位供应商的采购占比是否过高或者过低
4	竞争对手	同行竞争是企业真实业务情况的关键。调查人员还要深入调查企业产品的市场竞争情况与主要竞争对手的情况
5	核心技术及专利情况	注意在目标企业官网上查询、了解企业的核心技术及专利情况

在了解目标企业的业务情况时，要着重调查目标企业的主营业务，审视主营业务与其财务的深层关系。在分析主营业务时，我们要注意以下 2 点。

其一，关注主营产品与业务的详细数据。各类产品或服务的销售收入在总收入和利润中所占比重等数据，很大程度上影响着目标企业对提高现有服务质量、增强竞争力等方面的举措。调查人员要分析其深层关系，从而找出其中的财务问题。

其二，目标企业主营业务关键资源的统计和关键业务流程调查。关键业务与关键资源的统计，可以使主营业务的分析数据更有说服力，更真实准确。

在调查企业的业务情况时，我们需要收集哪些有关的财务资料呢？财务尽职调查人员需要收集的企业资料有：企业主要资产清单（包括不动产及其他重要固定资产)、企业对外提供担保的说明及合同、超过100万元以上的企业债权、债务清单说明及合同（包括但不限于企业财务挂账的应收应付款项清单、说明及合同）、企业控股子企业尚未结案或可以预见的标的金额超过20万元以上的重大诉讼或仲裁(清单及说明)、未来三年的收入预测、现金流量预测、投资回报预测等。

企业的发展无法脱离社会独立存在。因此，在关注目标企业各项具体数据的同时，也要注意企业所在行业的尽职调查分析，这样才能更好地观察目标企业业务的真实情况。

企业财务的历史关联交易

以史为镜，可以知兴替；以人为镜，可以明得失。再来看看目标企业财务的历史关联交易。一般来说，关联交易通常都是与同业竞争挂钩的。我们分析的切入点主要有三个：

（1）同业竞争。

想要判断是否构成同业竞争很简单，只需调查目标企业的财务数据。调查人员需要分析的数据主要有生产、库存、销售等资料，企业控股股东、投资人、债权人控制的主营业务报告和财务分析，及其控制的企业实际业务范围，以及企业产品的可替代性概率。在调查过程中，需要工作人员实地走访，分析人员需要了解企业控股股东、投资人、债权人操作的业务性质、客户对象的反响，以及了解他们是否曾经明确做出过不进行同业竞争的承诺。

（2）关联方与关联方关系。

财务尽职调查人员还需要注意的就是关联方之间的关系，了解清楚企业的工程人员与核心技术人员之间是否存在裙带关系、权钱交易等不合规关系。这些都需要通过查询企业重要会议记录和重要合同等文件来实现。

（3）关联交易。

最后一点，也是最重要的一点，就是查清楚目标企业的关联交易。调查人员需要先好好学习关联交易相关的法律规定，然后仔细查阅目标企业的规章制度，调查它们是否存在非法定价、单方获利性交易、向关联方采购额占企业采购总额的比例是否正常、关联方的应收应付款项余额与企业实际上应收应付款项余额的占比是否正常等。

企业税务情况

除了以上介绍的几点之外，我们还需要对目标企业的税务状况进行分析。最主要的一点是应当注意，当投资意向人与目标企业初步签约合作时，双方协调一致后，投资者可以对目标企业一切涉及双方合作项目的税务状况进行调查，可在收集相关所有资料的同时进行现场审核。

在进行财务尽职调查工作时，对目标企业的税务状况进行调查，能够给委托方减少经济损失。同时，调查目标企业的税务问题还能判断委托人的投资或并购行为是否符合战略目标或投资原则。那么，财务尽职调查人员在进行税务调查时，需要注意哪些呢？对目标企业的税务调查主要有以下4个方面，如表2-19所示。

表2-19 调查目标企业税务的4个方面

序号	说明
1	对目标企业的纳税主体概况、薪酬、税费及税收政策、财务组织等进行详细的调查
2	调查纳税主体全称、成立时间、注册资本、股东、投入资本的形式、性质、主营业务、税务登记证、纳税凭证、营业执照等基本信息
3	了解目标企业的财务组织结构、薪酬制度、所在地的税收政策
4	目标企业所在地税费政策、历年的财务报表、涉及税种的缴纳情况

在对目标企业的税务进行尽职调查时，调查人员可以遵循如下的流程，如图2-4所示。

图 2-4　税务调查的一般流程

我们以对一家网络科技公司的财务尽职调查作为案例，分析如何调查目标企业的税务情况。

在某次财务尽职调查中，目标企业是一家网络科技公司。调查人员在查看资料时，增值税申报表显示该网络科技公司所属行业为其他批发业。其主要税种、税率如表 2-20 所示。

表 2-20　该网络科技公司的主要税种、税率情况

序号	税种	税目	税率
1	增值税	提供服务	6%
2	企业所得税	应纳税所得额	25%
3	文化事业建设费	提供广告服务	3%
4	城市建设维护税	应交增值税税额	7%
5	教育费附加	应交增值税税额	3%
6	地方教育费附加	应交增值税税额	2%

随后，财务尽职调查人员再对该网络科技公司的完税情况进行整理。根据国家税务总局深圳前海税务局2018年12月25日出具的纳税证明，该网络科技公司2015年度、2016年度、2017年度及2018年1月至11月的税款缴纳情况如表2-21所示。

表2-21 该网络科技公司2015年度至2018年度的税款缴纳情况

（单位：元）

序号	税种	2015年度	2016年度	2017年度	2018年1~11月
1	增值税	6618.93	203188.70	344565.65	719710.22
2	文化事业建设费	—	—	89310.00	81855.00
3	个人所得税	119985.07	480219.21	204831.98	92138.34
4	城市建设维护税	463.32	14427.04	24160.39	50379.70
5	印花税	1250	7406.83	2828.70	887.50
6	教育费附加	198.57	6287.90	10232.27	21591.30
7	地方教育费附加	132.37	4191.97	6821.53	14394.21
8	合计	128648.26	715721.65	682750.52	980956.27

财务尽职调查人员在核对增值税申报收入时，发现该网络科技公司增值税申报收入与账列收入不匹配的情况。具体差异如表2-22所示。

表2-22 该网络科技公司增值税申报收入与账列收入的核对结果

（单位：元）

年度	增值税申报收入	账列收入	差异
2015年度	249757.28	249757.28	—
2016年度	7967923.81	8089283.70	-121359.89
2017年度	6083936.18	8143347.15	-2059410.97
2018年1~11月	91475793.09	89646270.73	1829522.36

就增值税申报收入与账列收入的差异问题，财务尽职调查人员对该公司的财务总监进行了访谈，得知：增值税收入是按照开票收入合计，账列

收入及申报所得税收入为实际收入。由于该公司为网络科技公司,确认收入的依据是根据网络耗点来确认实际收入,这会造成与增值税开票收入存在一定的时间差,所以造成了收入不符的情况。虽然该公司的情况属实,但是由于收入不符的情况,所以调查人员得出结论:该公司还是存在较大的税务风险。

企业预算情况

上文中我们已经介绍过企业财务历史关联交易。然而,仅仅关注历史财务数据还远远不够,调查人员还需要预测一下未来的财务指标,有一个良好的预算情况,也是迈向成功的一大步。我们需要关注众多的财务指标,比如销售周期、未来销售趋势、毛利情况等数据,同时也需要考虑未来业态调整对收入确认的影响,最后还要考虑目标企业能否支撑未来各项数据的稳定、能否持续健康地发展,如果不可以的话,我们需要想好哪些应对措施等。

财务尽职调查的核心要素是调查人员必须深入调查、分析目标企业财务信息的关键点,因此,其重要性不言而喻。路漫漫其修远兮,我们需要细致踏实地走好每一步,不放过任何一个关键因素。财务报表这个大管家无疑需要调查人员投入很多精力,目标企业的业务情况也不容忽视,就像磨刀不误砍柴工,只有调查清楚了,才能方便合作的进行。最后,我们在了解了企业过去和现在的财务数据的同时,也不能忽略对未来价值做出合理的预测。关于对目标企业未来价值的分析,我们将在后面的章节中展开阐述。

第 3 章 调查方：实地调查篇

3.1 实地调查应遵循怎样的思路

对调查方而言，实地调查是财务尽职调查过程中十分关键的一个环节。通过实地调查，调查人员不仅可以了解企业真实的生产状况和经营环境，还能对企业生产经营业绩加以核实，确保调查资料中相关财务状况的可信度。在本节中，我们将学习在实地调查时，调查方应遵循怎样的思路去执行调查事项。

实地调查是为了更好地了解目标企业

许多财务尽职调查的初学者认为，只需谨慎地分析目标企业的资产和负债情况、经营和财务状况，以及目标企业所面临的机会与潜在风险等，进而使投资方或收购方所面临的风险降低就可以了。其实这是一个认知误区。如果对企业的真实情况视而不见，那么分析再理性也可能会使结果背离初衷。因此，我们首先需要对目标企业的真实情况做深入了解，再分析其风险和价值。

我们可以打一个比方。如果把目标企业比作"人体"的话，财务尽职调查就相当于对人体的各种疾病进行诊断。通过观察，判断出目标企业的"疾病"。财务尽职调查人员的主要工作是发现企业表象下的问题，将其传达给委托方，为委托方的投资或并购行为提供"凭据"。那么，我们应该如何运用实际手段，从整体及发展的角度来分析企业的经营状况，获知目标企业的相关信息呢？我们可以用一句话概括——察言观色，洞见症结。这句话是指我们可以通过深入观察目标企业的行为，来分析目标企业的真实经营及财务情况。

首先，调查人员可以观察企业生产的饱满程度、商品的装卸、厂区的工作秩序、办公区人员的工作情况、工位的饱满度等。然后，通过这些观察到的情况，结合企业提供的财务、经营数据，分析企业的真实状况，洞见其"症结"。其具体需要考虑的要点有：财务数据和商业计划能否清晰地表达出企业经营发展的历史，市场定位，战略和发展的吻合度，战略目标的包容度和完成度，现金流量的结构是否合理，对战略的支持满足度是否够高，弹性如何等。

接下来，我们分别从财务尽职调查的"察言观色"和"洞见症结"两个方面进行深入探讨。

察言观色

（1）观察目标企业的表面并探查其内部的财务经营状况。

①观察目标企业的大门和地址。企业门口的东西，往往代表着这个企业的牌面，可以透漏不少消息。要想了解目标企业关联方的情况，就可以观察目标企业门口牌子上写的有哪些企业或者机构的名称，进而了解目标企业的内控财务情况。实地调查人员可以去看看企业是否有厂区或者院墙，进门的时候门禁管理措施是否完善；甚至，可以观察目标企业是否存在财务风险和财务漏洞等问题。

调查人员在观察目标企业的地址时，要注意其经营地址与注册地址是否相符。譬如，在针对某网络科技公司的财务尽职调查过程中，调查人员发现，该公司工商注册地址为深圳市前海深港合作区前湾一路1号A栋201室（入驻深圳市前海商务秘书有限公司），此地址只是前海设立公司挂靠的地址，应该添加公司经营地址。而该网络科技公司的实际办公地址为深圳市福田区沙头街道。该公司由于存在实际经营地址与注册地址不符的情况，可能会有被相关部门处罚的风险。

②观察目标企业的企业公告板。众所周知，企业公告板上的消息都是面向企业内部员工的，一般这些消息包括企业的考勤奖惩机制、上月业绩完成情况；也有面向企业内外成员的信息，如展示企业管理层的组织结构、科室或者部门的组织结构等。观察企业公告板的意义在于，它提供的消息都是最真实的，可以从中获知许多企业的具体情况，有利于对企业的运营状况做出最准确的判断，从而分析出目标企业内部的财务实力能否支撑企业正常运行。

③观察目标企业的资产管理方式。观察目标企业的资产管理情况，最有效的方法就是调查该企业的资产管理方式，可以采取访问固定资产、原料、废料的处理以及观察装卸区的管理等方法。通过对这些数据的调查，可以判断目标企业的管理方式是否合乎规定，是否符合正常企业财务发展条件。

④观察目标企业的重要办公室。在一家企业中，重要的办公室通常是会议室和高层领导人办公室，因为会议室通常会陈列企业获得的奖项或各类认证通过的证书。这些奖项和证书代表着这家企业的档次、水平。从财务尽职调查的角度来讲，这些奖项和证书还代表了目标企业的财务实力。而高层领导人的办公室还可以透漏出更多的细节，一般这些地方都会展示目标企业参与重大项目的形象照片、参与慈善事业的捐款记录等信息。从这些信息中，我们可以看出目标企业的资金流转状况以及其资金来源是否稳定。通过观察目标企业的重要办公室，可以判断目标企业的财务实力。

（2）通过实地访谈的形式听取信息，获取无法直接观察到的企业内幕。

通过实地访谈的形式，财务尽职调查人员能够从目标企业的工作人员处直接获得企业的相关数据和情况。在实地调查的询问中，倾听是最有效的获取信息的方式。调查者需要做的就是仔细且真诚地倾听。但是，调查者在与目标企业工作人员交流的过程中，不能仅仅简单地扮演一个倾听者的角色，还需要通过提一些问题，去深入了解目标企业的真实情况。调查人员需要注意倾诉者的话语、情绪和表达方式，更重要的是，需要听懂其潜台词，不要涉及太过敏感的内容以及表露出过于明确的目的性。若调查人员明知对方不想说，还仍然不罢休，这样被访者就极容易产生排斥心理，最终使沟通产生适得其反的效果。我们需要听懂被访者的内在需求和价值观。

作为财务尽职调查人员，应该通过实地访谈获取目标企业哪些方面的信息呢？具体应该获取目标企业两个方面的财务信息，如表3-1所示。

表3-1 通过实地访谈来获取两个方面的信息

两个方面	说明
了解目标企业的内部财务状况	①对于按照程序进行调查的内容——目标企业内部的财务状况要完整、具体、翔实。譬如，目标企业的内部财务政策，如员工对企业战略、管理制度、收入待遇等方面的看法，就是我们需要详细询问并倾听的方面之一。这些要素是否正常、合理，决定了目标企业寿命的长短 ②许多企业经营不善，归根结底是企业内部财务管理出现了问题，譬如，管理层制定的财务相关决策失误、财务和内控管理混乱、股东争夺控制权等。对于一些旁敲侧击的访谈内容，如企业员工的日常生活以及目标企业客户经常出现的问题等话题，也需要稍加留意
了解目标企业的外部财务流通	①倾听友商对目标企业的评价。外部的评价是客观评价的来源，如同行企业和关联企业。听取这些企业对目标企业的评价，分析其是否存在大股东占用资金、重大同业竞争等方面的问题 ②倾听职工和居民对企业的评价。倾听企业的新老员工及企业周围的居民等对目标企业的评价，也是了解目标企业财务状况的一个方式。通过这些评价，财务尽职调查人员可以感受到员工的工作情绪，办公区的卫生整洁程度，各类公示牌、走廊宣传栏的更新频率和内容，接触时员工的精神面貌等。这些无一不从侧面体现着目标企业的财务状况和经济实力

财务尽职调查人员在进行实地访谈的同时，也要学会辨认信息的准确性，仔细判断公众对目标企业的评价是否客观、合理，是否存在恶意评价等现象。在询问相关人员时，为了获取真实有效的信息，需要懂得哪些交谈技巧呢？

①营造交谈氛围，采用引导式提问而非直接要结论的询问。实地调查人员应该注意沟通的分寸，最好采用聊天的形式，这样会让受访者体会到一种亲切感，说出来的财务发展消息会更准确，愿意分享的财务状况信息也会更多。如果我们不断地提问，那么只会增强对方的防御心理和压力，这样我们自然很难获取到有价值的信息。

②针对不同的人群，进行某一个特定内容的多次提问。因为实地调查人员无法判断他们所获知的消息的准确性，所以不妨针对不同的人群对某一个特定的内容进行多次提问。这样的话，答案相似率占比高的，自然是更准确的。

洞见症结

当我们通过"察言观色"获取了足够多的信息后，需要整理出一份针对目标企业各类财务、经营问题的结论性意见。这时，最需要注意的一点就是，这份结果要体现出充分的逻辑性与关联性。

天下熙熙，皆为利来；天下攘攘，皆为利往。企业所有的行为都有其目的性。譬如，挂牌企业最关注的事情是它们的收入和利润，它们所追求的是逐年递增的利润。因此，我们需要确定调查的结果是否与目标企业的营业目的紧密相连。此外，我们也要匹配需要了解的信息和相应的问题。当我们了解的信息与要解决的企业问题不匹配的时候，根本无法提出针对目标企业问题的解决方案。

财务尽职调查的实地调查可以对预判关键风险点产生验证作用。相较于目标企业直接递交给调查人员的数据,调查人员通过亲眼所见、亲耳所闻获得的实地调查信息,更具有真实性和客观性。

3.2 如何做实地访谈

在 3.1 节谈论了通过实地访谈的方式来了解目标企业的信息。相较于单一的问卷调查,实地访谈的调查方式会显得更加全面。在本节中,具体介绍一下实地访谈的目的、意义、对象、态度和方法,以及具体应该如何展开访谈流程。首先,我们来学习一下访谈前需要了解的事项。

访谈前需要了解的事项

在访谈之前,我们需要了解访谈的底层逻辑和一些准备工作。

(1)访谈的目的。

企业家博恩·崔西说过这样一句话:"要达成伟大的成就,最重要的秘诀在于确定你的目标,然后开始干,采取行动,朝着目标前进。"想要做好实地访谈,我们需要了解访谈的目的。分析清楚访谈的目的,总结出大致框架,那么实地访谈将会取得事半功倍的效果。一般来说,针对不同类型的目标企业,虽然调查人员进行访谈的目的都是不同的,但基本目的通常是一样的。实地访谈的基本目的包含 4 个方面,如表 3-2 所示。

表 3-2 实地访谈的 4 个基本目的

序号	基本目的
1	掌握目标企业的组织架构以及历史沿革
2	掌握目标企业的内部控制情况以及相关公示的基本情况
3	掌握目标企业的关联企业、股东及法人的情况
4	洞悉目标企业的经营风险、法律诉讼以及潜在的税务风险

此外,还有一些特殊情况,我们需要针对想要调查的信息来确定调查目的。譬如,如果我们想要对目标企业的经营性资金流是否充裕做出判断,那么就要去调查该企业的资金流。访谈时,话题自然也会围绕着利润表和现金流量表等财务报表的相关科目来展开。

(2)访谈的意义。

实地访谈是财务尽职调查过程中十分重要的一步,其意义主要有3点。

①实地访谈能帮助调查人员获取目标企业的财务信息。通过实地访谈,我们可以获得目标企业的财务报表及账簿、内部管理制度、业务流程、绩效考核、会议纪要、相关档案等关键性数据,这些数据都是企业财务信息的重要组成部分。

②实地访谈因其"实地性"使得访谈结果更具有说服力,获取信息的真实性和客观性更高。在与受访者面对面交谈的过程中,财务尽职调查人员所获取的信息比利益双方直接交换的数据更全面,从某种意义上讲,其价值也更大。

③实地访谈可以为财务尽职调查做好充分的准备工作。实地访谈能够发现目标企业多方面的问题,为做财务尽职调查工作查漏补缺。

(3)访谈的对象。

了解了实地访谈的目的和意义,下一步就要了解访谈对象。一般来说,我们可以将访谈对象分为两个大类。

①目标企业内部的访谈对象,如表3-3所示。

表3-3 目标企业内部的访谈对象

序号	访谈对象	说明
1	目标企业的高层领导人员	访谈时,调查人员首先要接触的就是目标企业的高层领导人员,如董事长、总经理等。只有了解了企业领导人对合作的态度,才能保证合作的顺利开展

(续)

序号	访谈对象	说明
2	目标企业的财务人员	对财务人员的访谈必不可少，可以通过他们了解目标企业的税务风险与财务风险
3	目标企业的生产研发部门、销售部门、人事部门、营销部门和其他部门的员工	要对目标企业内部人员进行全面的访谈，才能尽可能多地获取有用信息

②目标企业外部的对象。在对目标企业内部进行访谈的同时，我们还需要从目标企业的外界成员那里获取信息，还需要采访行业上下游、竞争对手、其他人员等目标企业关联主体。

（4）访谈人员应持有的态度。

作为进行实地访谈的调查人员，我们的态度十分关键。把握好访谈时应该持有的态度，才能合理有效地完成访谈。财务尽职调查人员在进行访谈时应持有这样的态度：

①张弛有度、时刻把握访谈的分寸。作为访谈人员，我们的态度应该是温和的，要把握好访谈的尺度，对于按照程序履行的调查内容要完整、具体、翔实。譬如，员工对企业战略、管理制度、收入待遇等方面的看法，调查者可以访问并且需要详细了解。

②态度温和，不卑不亢。当涉及敏感信息时，若受访者不想回答，不可以咄咄逼人，不断追问；同时，若我们发现所询问消息是目标企业可以被外部人员知晓的内容时，也要有底气询问，不能过分"谨慎"。

③有清晰的主观判断。被访者说出的信息不一定就是真实有效的，访谈者需要保持清醒的头脑，判断信息的可信度。

（5）访谈的流程。

财务尽职调查的访谈流程主要有4个步骤：准备访谈、预约访谈时间和地点、按照准备好的访谈问题进行提问、整理访谈记录。在每一个步骤当中，都有一些细节需要我们留意，如图3-1所示。

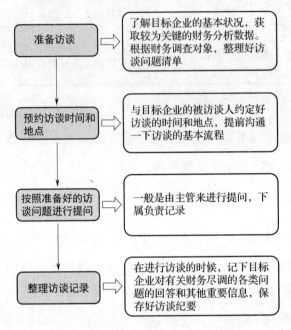

图3-1　访谈的流程及需要注意的问题

（6）访谈内容的设计。

调查人员可以分别从发散式问题和定向式问题两个方面来设计访谈内容。

①发散式问题：访谈者在提问的时候，接受访谈的人可以自由发挥，没有固定答案。这有助于我们收集到目标企业更全面、广泛、真实的财务信息；同时，也可以避免受访者因提前准备而导致的过于标准化的访谈内容。

②定向式问题：限制了答案的回答范围，接受访谈的人需要在给定的答案中做选择。这种方式可以加快访谈的时间和进度，但是调查人员获得的关于目标企业的信息也会被明显限制。

在进行正式的访谈时，调查人员可以结合这两类问题进行提问。譬如，选择由发散式问题过渡到定向式问题，或者由定向式问题过渡到发散式问题。两种提问方式交叉进行，既可以提高访谈的效率，也可以较为全面地掌握目标企业的信息。

（7）访谈需要注意的其他细节。

我们可以运用一些访谈技巧对企业相关人员进行访谈，如利用多种提问结构相结合的方式进行访谈。提问有3种基本的底层结构，分别是链式结构、中心辐射式结构和网络结构。将这3种基本的底层结构灵活用于财务尽职调查的访谈中，可以极大地提升访谈的效率。譬如，我们可以从企业的收入入手，运用链式结构，一步一步地询问企业不同年份的收入额度、组成和变化；再运用中心辐射结构，询问企业收入与成本的变化、影响收入的因素、业务线的改变、产品品类等方面的问题，从而全方位地了解企业的收入情况。

此外，财务尽职调查人员需要和目标企业确定访谈时间、访谈地点；要和访谈的接待员做充分的沟通，让其安排相应的访谈；确定访谈的记录者，可以是访谈者本身，也可以是助理，能够提高访谈效率即可。

对目标企业内部人员的访谈

我们了解了实地调查访谈前的事项之后，接下来就可以进入正式的访谈环节了。我们分别从目标企业各类访谈对象入手，介绍财务尽职调查人员应该如何进行访谈。

（1）对目标企业管理层的访谈。

目标企业的管理层知晓企业最重要的信息，如股权架构、商业计划、资本构成等信息。对目标企业管理层的访谈，我们可以对董事长和总经理分别进行。

①对董事长的访谈。

对目标企业董事长的访谈是访谈的重中之重。我们需要访谈的内容主要包括企业股权架构、股权代持情况、注册验资及股权问题，明晰这些方面是否存在瑕疵或重大纰漏等。

对于访谈场所的选择，一般为会议室或董事长办公室。访谈者可以观察会议室或董事长办公室陈列的奖牌、奖杯或各类认证通过的证书。通过这些细节，调查人员可以判断出目标企业的资金流转状况及其资金来源是否稳定等信息。

对于初创企业，调查人员还需要了解企业的融资情况。目标企业目前的资本结构、融资策略等财务要素以及股权结构、银行贷款、授信情况等数据都十分重要，要格外留心，细心记录。

最后，也是我们最需要注意的一点——确保企业董事长以及实际控制人和股东已经知道此次财务尽职调查工作的相关情况，并且确保他们对相关投资或并购保持开放态度。对这个问题，调查人员不仅仅要对董事长进行访谈，对目标企业实际控制人和大小股东也要进行访谈。

②对总经理的访谈。

财务尽职调查人员对总经理的访谈与对董事长的访谈在内容上并无太大区别。将相同的问题对总经理再问一次，可以核实相关信息是否真实。如果两者的回答存在较大差异，则可以判断企业在宏观方面的财务、经营上有问题。

与董事长不同的是，总经理身为管理团队的负责人，管理相关的事务较多，调查人员访谈的侧重点可以放在管理方向上。对总经理的提问，可以从以下方面入手，如表3-4所示。

表 3-4 对总经理访谈的问题清单示例

序号	问题
1	请问您认为企业未来的发展方向会侧重于哪一块？未来的业务组合及市场定位应该是什么样的？
2	请您谈谈对于企业未来发展的想法
3	请问企业董事会的组成情况如何？股权结构是什么样的？
4	企业的高管及核心团队是怎样的？
5	企业管理者是通过市场雇用的方式还是股东委派的方式产生的？
6	高管及核心团队是否稳定？
7	是否有激励机制？是否签订了竞业限制条款？
8	企业缺少了哪些岗位的高管就无法正常运行？具备核心竞争力的成员有哪些？

（2）对目标企业财务人员的访谈。

目标企业的财务人员是财务尽职调查人员的重点访谈对象。调查者对他们的访谈往往比对企业高级管理者的访谈还要细致，因为财务的正常运转是一个企业顺利经营的关键。那么，都有哪些方面是调查人员必须对目标企业财务人员进行访谈的呢？我们可以一边对比企业的财务报表和其他相关文件，一边询问财务人员以下方面的问题，如表 3-5 所示。

表 3-5 对目标企业财务人员进行访谈涉及的方面

序号	方面	说明
1	企业收入、成本核算原则与方法	现在许多企业通过开发票或者收付实现制来核算收入和成本，调查人员需要通过对财务人员进行访谈，确认目标企业是否有通过权责发生制来完善核算机制
2	采供销单据	调查人员需要了解目标企业的采供销单据，重点询问其仓库账情况，看看采供销单据的流转状况，确认目标企业仓库进销存账的状况
3	现金流与个人卡	通过对财务人员的访谈，了解目标企业是否存在通过个人卡交易现金流、收款付款的情况

(续)

序号	方面	说明
4	企业的投融资情况	询问目标企业有哪些投资项目,是否有相关的账目、规范和流程文件,长期、短期的投资项目有多少,占比如何等;询问目标企业有哪些融资项目,融资款项如何,是否是股权融资,是否有银行贷款记录,长期贷款和短期贷款占比分别是多少等
5	企业资产管理账目和负债款项等	询问财务人员企业的资产组成情况,损毁报废的资产的购置情况;询问企业是否有潜在的义务支付项目,是否涉及一些诉讼赔偿项目。最后,与企业出示的资产负债表和其他文件的信息进行对比,找出差异
6	进行财务核算的软件	调查人员需要注意目标企业的财务核算软件,统一记成电子账是最正确的处理方式。如果发现有手工账,在后续合作中就可以跟财务人员协商把它规范为电子账,使其更加清晰明了
7	发票情况	调查人员不仅需要了解采购、销售等基本发票情况,还需要注意目标企业是否存在虚开票或者买票等恶劣的偷税漏税行为,以减少投资者的风险
8	会计政策	企业各类数据所涉及的会计政策,如股权激励中的会计处理和账上计量情况
9	其他财务相关情况	企业的期间管理数据、库存管理数据、外汇情况、关联方的财务往来、财务报表的合并和变动情况、股权激励分成情况等

在提问时,调查人员可以这样提问:请问企业的会计报表核算范围是什么?可以请您介绍一下它的流程、原则及方法吗?请问企业长期股权投资的核算方法是什么?等等。

(3)对目标企业生产研发人员的访谈。

除了财务人员,生产研发人员也是目标企业另一个重要的访谈对象。因为财务运转情况是决定企业生死的命脉,而核心技术则决定了企业的发展高度。对目标企业的生产研发人员进行访谈,是了解目标企业核心技术含金量最快捷和最客观的方式。

调查人员的访谈问题需要围绕企业核心技术和核心生产力这两个主题展开,可以参考的问题如下所示:

①请问可以介绍一下企业的生产模式吗?

②请问可以介绍一下企业的主要产品及其利用率吗?

③生产线产能能否保持稳定输出?

④请问企业在生产过程中是怎样进行品质及成本控制的?

在对目标企业生产研发人员进行访谈时,我们需要格外注意的是,不能涉及目标企业的敏感信息,需要尊重目标企业的隐私权。

(4)对目标企业销售人员的访谈。

在对目标企业销售人员进行访谈的时候,访谈者需要了解清楚以下关于目标企业的内容:

①主要产品或服务情况。全盘询问企业主营业务,有助于我们了解目标企业主要产品的类型、市场占有率、市场竞争力及服务情况。

②销售模式。了解目标企业的销售模式,包括代销、直销等情况,统计不同销售模式下的收入占比。需要了解目标企业统计成本及毛利率的手段及其最近两年一期的不同类别产品及其服务的收入。

③企业客户。了解目标企业客户的类型、购买力、各类型占比等情况。除此之外,调查人员还需要关注客户与市场的关系,询问是否存在对主要客户的过度依赖等不良情况。

(5)对目标企业人事部门人员的访谈。

人事部门肩负着为企业甄别人才的重任,对人事部门的访谈有助于调查方了解目标企业的人才分布、储备和变动情况,从"人"这一方面判断企业的风险和未来价值。调查人员访谈时需要着重了解的有以下几个方面,如表3-6所示。

表3-6 对目标企业人事部门人员的访谈需要注意的方面

序号	说明
1	了解目标企业的人员是否取得营业执照、验资报告以及组织架构图
2	了解目标企业雇用人才制度是否符合相关法律法规，看是否存在裙带关系、权钱交易等不法行为
3	了解目标企业具有核心竞争力的人员的情况，如数量、占总员工的比重、学历等
4	了解目标企业人才选拔的考核方式、培训措施和人才培养计划
5	了解目标企业的薪资水平、结构和福利制度、水平，以及员工的激励机制
6	了解目标企业的员工流动情况及数据等

（6）对目标企业其他人员的访谈。

除了需要对以上这些部门的人员进行访谈，财务尽职调查人员还需要对目标企业的其他人员进行访谈。上文中所提到的访谈对象，他们所提供的不少访谈内容并不能反映目标企业真正的状况。这时候，我们就要从企业的一些员工入手，如普通职工、安保人员等，分析目标企业的财务及经营状况。这部分访谈的内容比较细碎，但却能从细节处反映目标企业的财务问题。主要的问题包括：

①目标企业的薪资计算方法是什么？员工对企业变动工资的计算依据和方法是否满意？

②目标企业是否及时缴纳"五险一金"？

③目标企业是否有福利政策？福利政策是否落实到位？

④目标企业是否存在拖欠工资等状况？

对目标企业外部人员的访谈

仅仅对目标企业内部人员进行访谈还不够全面，因为任何一个企业员工对自身所在公司的描述总带有一定的主观性和包庇心理，这就导致调查人员只看到了他们想让我们看到的信息和内容，获取的信息不够具有客观性。因此，在对目标企业内部人员进行访谈之外，财务尽职调查人员还需要对目标企业外部人员进行访谈。

（1）对行业上下游的访谈。

首先是针对行业上下游的访谈，财务尽职调查人员要分别对目标企业供应商和客户进行访谈。

①行业中的供应商。对行业上游供应商进行访谈，财务尽职调查人员需要获知的信息如表 3-7 所示。

表 3-7 对行业上游供应商进行访谈需要获知的信息清单

序号	说明
1	目标企业有哪些供应商？目标企业对这些供应商是否存在局部依赖性过高的情况？有哪些供应商可以对目标企业的发展起到决定性作用？
2	目标企业与被访谈的供应商进行合作的时长有多久？双方之间的关系是否稳定？关联性和独立性分别如何？
3	被访谈的供应商对目标企业的印象如何？其有与目标企业进行长期合作的意愿吗？
4	被访谈的供应商认为目标企业的核心竞争力是什么？供应商自身的财务基础是否坚实？

②行业中的客户。对行业下游客户进行访谈，财务尽职调查人员需要获知的信息如表 3-8 所示。

表 3-8 对行业下游客户进行访谈需要获知的信息清单

序号	说明
1	目标企业有哪些重要客户？目标企业对这些重要客户是否存在局部依赖性过高的情况？哪些重要客户可以对目标企业的发展起到决定性作用？他们是从哪方面影响企业发展的？
2	客户给予企业多少业务额？重要客户群体主要分布在哪些地区？客户的年龄段分布情况如何？客户是否存在垂直整合的情况？

（2）对目标企业竞争对手的访谈。

只有那些在竞争中表现突出的企业，才能给投资者提供最大的经济利益。我们需要通过对目标企业竞争对手进行访谈，来客观地了解目标企业的行业亮点、核心竞争力以及最真实的缺陷。财务尽职调查人员需要获知的信息如表3-9所示。

表3-9　对目标企业竞争对手的访谈需要获知的信息清单

序号	说明
1	与目标企业相比，竞争对手的业绩和营业额情况如何？
2	与目标企业相比，竞争对手的客户是否更多或者更少？
3	目标企业与竞争对手之间是否会进行合作？如果会的话，各自负责的方面是什么？
4	目标企业与竞争对手之间是否存在恶意竞争事件？
5	目标企业是否曾经明确做出过不进行同业竞争的承诺？

与此同时，访谈的时候，财务尽职调查人员还要格外注意目标企业竞争对手提供的信息是否有数据支持、评价是否足够客观等。

（3）对其他外部人员的访谈。

一个企业的发展无法脱离社会而独立存在。因此，在关注目标企业各项具体数据的同时，也要注意对目标企业所在行业进行尽职调查分析，这样才能更好地服务于本次财务尽职调查。那些在行业上下游和竞争对手的访谈中无法获得的消息，不妨运用一些其他的手段。

①对目标企业竞争对手的客户群体进行访谈。可以询问他们这些问题：为什么选择了目标企业的竞争对手？目标企业在哪些方面对他们缺少吸引力？他们认为目标企业的竞争对手的核心竞争力是什么？他们觉得自己的选择是否正确？是否会继续坚持选择这些企业？

②对与目标企业有商务往来的企业或机构进行访谈。可以询问：它们为什么会选择目标企业进行商务合作？与目标企业进行的商务合作涉及哪些领域？在与目标企业成功的合作中，是否感到满意？是否还会继续与目标企业进行合作？

企业的个人行为

俗话说,细节决定成败。前面已经对实地访谈做了一个较为全面的介绍。此外,在进行实地访谈时,财务尽职调查人员还要注意观察和分析目标企业相关人物的个人行为。目标企业相关人物的行为和言行举止表现出他对此次财务尽职调查的重视程度,能够间接地反映企业的实际情况。

如果目标企业领导人在接待财务尽职调查人员时,立马起身相迎,言语间多用敬辞,那么我们就能从中看到他对相关并购持有什么样的态度。再来看看目标企业的财务人员,从他的谈吐、与财务尽职调查人员说话时的态度等,可以获知目标企业财务状况是否正常、资金能否正常流通等。还有企业的技术人员,从他们的个人行为中,调查人员可以判断出目标企业的核心竞争力是否足够强大、是否具有强烈而鲜明的竞争优势。如果他们在介绍自己的产品时流露出自豪感,说明他们对产品有信心。总之,从目标企业相关人物的言谈举止中,财务尽职调查人员可以间接地感知到他们对目标企业的态度,进而看出目标企业是否运转正常、员工的积极性与满意度等。

财务尽职调查人员也要注意自己的言行。如果我们说话大多带有敬辞,用"您""贵企业"这样的词汇,那么就会显得十分尊重,可以给目标企业的人员留下好感。同时,也要时刻注意,在面对不同的被访者时,我们的态度应该是不同的,访谈人员应该灵活地采取聆听、积极发问等方式,必要时可以追问相关情况。

3.3 独立性调查:别让他掩饰了真相

调查人员想要全面而真实地了解目标企业,那么在财务尽职调查过程中就必须要坚持一个基本的原则——独立性原则。它是财务尽职调查中至关重要的一点，其主要内容是要求该项目的财务专业人员必须客观地服务于该项目组，并始终确保其独立性。

这里的独立包含了两种：形式上的独立和实质上的独立。在整个财务尽职调查过程中，负责该项目的财务尽职调查人员不能带有任何个人主观偏见，并且和被调查的企业不存在任何经济利益上的瓜葛，这就是形式上的独立。譬如，如果该财务尽职调查人员手中持有被调查企业的股权，或者在该企业中担任某部门的高级职务，那么由他来做此次财务尽职调查显然是不恰当的。除此之外，也不能与企业的管理高层有亲属关系。

实质上的独立又是指什么呢？这就要求财务尽职调查人员在执行调查任务的过程中，在精神上保持相对独立，排除一切干扰因素，始终秉承绝对客观的态度，将所有的结论都建立在事实的基础之上。

总而言之，在独立性调查中，负责该项目的财务尽职调查人员必须保证和目标企业没有任何利益联结，并且在调查中要始终保持客观、实事求是的态度，做出独立的判断。而独立性调查的目的是确认目标企业是否做到了人员、财务、机构、业务独立以及资产完整。因此，在独立性调查中，一般要对目标企业的5个方面进行调查，分别是业务独立、资产独立、人员独立、财务独立、机构独立，下面我们就来逐一阐述。

业务独立情况

业务独立就是要确保目标企业独立于股东单位及其他关联企业，它需要拥有独立完整的供应、生产及销售系统。在此之前，财务尽职调查人员要了解目标企业的业务情况，包括所属行业及其发展情况，对行业主要的竞争对手也要进行必要分析。在对它的业务许可证、特许经营权、业务资质证书等重要资料进行核查的基础上，还要对控股股东的情况进行审核，对企业内部组织结构和人员配置进行检查，避免目标企业和关联方的采购或生产人员有利益牵扯。如果发现供应、生产等环节或者商标权在短期内无法做到完全独立，那么就要审查是否有正规的合同来明确这些内容。譬如，目标企业对一个商标或某项专利没有独立的使用权，那就需要根据相关法律法规及时采取相应的策略。

总而言之，在独立性调查中，目标企业是否拥有独立完整的业务体系、是否拥有独立获取业务的能力，都是调查人员必须考虑的因素。

资产独立情况

资产独立涉及的项目比较多。譬如，对目标企业及其子企业目前使用中的房产证书、土地使用证书等重要证件进行检查。如果所用的土地或房产是租用的，那么就要确保租赁是合法的，并深入地对相关的租赁协议进行检查。此外，对于目标企业的设备也要有明确的产权归属，不但要清楚设备数量和目前所在地，还要避免有抵押情况的存在。

接下来，财务尽职调查人员要和目标企业的法律相关部门进行沟通，了解并检查是否有产权纠纷或担保行为的存在。在检查目标企业的所有产权证书及担保协议时，如果存在贷款现象，则要对主要贷款进行验证，检查是否有权利受限的情况。除了以上提到的有形资产外，对无形资产——如商标、专利、版权、特许经营权等——也要一一明确其独立性。只有明确了所有资产的完整权利和独立性，才能调查出目标企业存在的潜在财务纠纷。

人员独立情况

人员独立则是要对目标企业的董事长、重要股东或控股股东、法定代表人进行核对，关于历任董事长的换任情况也要加以了解并调查。对企业中高级管理者的薪酬领取状况进行检查，明确是否有在股东单位兼任其他职位的情况。根据与人事部门及财务部门的沟通，还要对相关工资表进行检查，并明确股东和相关部门在推荐董事和经理人时的流程是否合法，是否存在干预董事会和股东大会做出人员任免决定的情况，对相关的任免文件还要进行进一步的检查。

此外，财务尽职调查人员还要对目标企业的劳动关系情况进行了解、调查，确定企业是否与每一位员工都签订了劳动合同，是否都按时申报了工资及社保，确保各方面都严格执行《中华人民共和国劳动法》的相关法规。

财务独立情况

财务独立首先就是要确定该企业财务人员是否独立：除了要设立独立的财务会计部门外，还要建立独立的会计核算体系以及财务管理制度。对于目标企业与控股股东的银行账户和资金来往进行盘查，并检查是否有共用银行账户的情况。同时，要判断目标企业是否可以独立做出财务决策，有没有存在控股股东干预企业资金使用的情况发生。对于此前做出的一些财务决策，可以进行必要的检查。

除此之外，调查人员还要检查目标企业的税务登记证，确定目标企业是否依法独立进行纳税申报。除了目标企业自身的税务情况，还需要关注收购方案中所涉及的一些税务问题。

机构独立情况

最后是机构独立情况的调查，其目的是明确目标企业是否建立了健全、完善的组织机构，与控股股东是否做到了相对独立。

财务尽职调查人员要对所有机构进行现场调查，了解基本情况，检查各机构的执行情况是否合理，如各部门的职责、人员编制情况等；还要对负责人是否在目标企业的参股企业有交叉任职的情况做深入了解。如果有负责人在其他相关企业存在兼任职位或参股，则要进行进一步的调查，并做出决策。譬如，目标企业某部门的负责人同时兼任其他股东单位的某个部门负责人，那么就要考虑两者之间是否存在利益牵扯，在一些决策中是否有相互影响的可能性。如果两种身份不能维持独立性，那么财务尽职调查人员就可以判断出目标企业存在某些方面的利益纠纷。总之，要确保目标企业与参股企业或机构之间保持独立，在平时制定决策及执行时不会受到任何影响。

独立性调查可以真实地反映出目标企业的经营情况，因此在整个财务尽职调查中占有重要地位。通过独立性调查，财务尽职调查人员可以发现目标企业的风险事项，从而对目标企业进行更加准确地估值。

3.4 在实地调查中，应该注重的细节有哪些

实地调查需要财务尽职调查人员采用科学的方法及公正客观的态度，了解、搜集目标企业大量的资料用以统计和分析，从而分析目标企业的真实现状。不同的机构或投资人对于做实地调查都有独门心法。那么，一套好的尽职调查策略和步骤应该注重哪些细节呢？财务尽职调查人员可以从以下细节进行考量。

把握实地调查期间的时间分配

内行人看门道，外行人看热闹。要想对目标企业进行深入、彻底地了解，花费的时间肯定是越长越好。但事实上，这样的想法显然是有些脱离实际了。我们在进行实地调查的过程中，需要完成的任务非常多，时间也会比较紧凑。

根据实际情况，财务尽职调查人员要在 30～60 天不等的时间内，对目标企业的历史数据和文档、管理人员的背景、市场风险、管理风险、技术风险和资金风险等做一个全面且深入的审核，并给出财务尽职调查报告。一般做中小型企业并购的财务尽职调查，现场调查的时间以 2 周为宜。如果时间太长，目标企业就会产生倦怠。初创企业由于规模较小，一般其财务尽职调查的现场调查工作在 3～5 天即可完成。

在实地调查中，财务尽职调查人员要明确目标企业的调查内容和范围，并给不同的事项合理分配时间。总体而言，实地调查的时间不应超过总时长的 50%。

简单来说，实地调查的具体时间安排要根据实际情况而定。因此，调查小组的成员在进场前最好就做好和委托方及目标企业的初步沟通，确认尽职调查的入场时间和人员，再与委托方沟通财务尽职调查预计的时间及报告出具的时间，然后再做详细安排。

调查目标企业时的 9 个细节

实地调查是一项十分需要耐心的工作。在调查人员埋头查看目标企业烦冗的财务报告的同时，还要从 9 个方面的细节去做调查，具体如表 3-10 所示。

表3-10　实地调查过程中需要调查目标企业的 9 个细节做法

序号	细节做法	说明
1	需要见过目标企业 90% 以上的股东和管理层人员	只有这样，财务尽职调查人员才不会忽视大部分股东的意见，特别是小股东们的观点。如此全面地去做调查往往也能收获意想不到的效果
2	选择与目标企业作息一致的现场调查时间	譬如，目标企业是 8:00 开始上班，那么财务尽职调查人员也要在 8:00 到达目标企业，即遵循"8 点钟原则"。一天之计在于晨，任何一家有朝气、有活力的企业，早晨的时间一定也是非常忙碌的

（续）

序号	细节做法	说明
3	必须走访目标企业7个以上的部门	除了要关注目标企业的研发、市场、生产等核心部门，还应该到目标企业的办公、仓库、物流、财务、人力资源等部门进行细致的走访，这样才能对目标企业有全面、客观的了解，便于后期精确报告的得出
4	在目标企业连续工作6个工作日	这样不仅可以看到目标企业日常的运作状态，还可以通过观察员工的加班情况，体会其文化、业务和生产情况
5	对企业团队、管理、技术、市场、财务5个要素进行详细调查	这5个要素就像是企业发展的5根核心支柱，在做财务尽职调查时，要全面、详细地调查这5个要素，缺一不可
6	至少访问4个目标企业的上下游客户	这么做能更好地把握目标企业与客户的供应关系，如目标企业合同的真实性、数量、期限和结算方式等。同时，也能看出客户对目标企业产品的评价和目标企业的营销方法对盈利的影响
7	考察目标企业3个以上的竞争对手	知己知彼，方能百战不殆。对目标企业竞争对手的考察有时会比对目标企业本身的调查还要有用，这样才会发现目标企业所存在的竞争优势和不足
8	对目标企业相关人员提问20个关键问题	财务尽职调查人员需要事先思考以下几点：如何提问？如何设计问题？怎样寻找问题？等等。提前设计好访谈的关键问题，能保证访谈进度的推进
9	至少到目标企业的食堂与普通员工吃一次饭	很多细节通常会在生活中显现，这是在目标企业的商业计划书上无法体现的。因此，这也是在实地调查中十分有效的技巧之一

需要特别留意的数据

在实地调查中，除了要根据资料清单要求目标企业提供相关资料和数据，还要特别留意影响目标企业经营最关键的几个因素，如团队、管理、技术、市场和财务等。

譬如，在财务方面，调查人员在查看目标企业的财务报表时，需要特别关注其大额资产情况，查看企业的年度审计报告中的审计意见时，是否存在其他审计意见；还要分析企业的资产负债率，对企业的运营能力有初步的了解；分析收入、成本、费用和利润，对企业的经营情况做大致判断。财务报表十分重要，其直接反映出目标企业的资产负债情况和经营状况。通过以上方面的实地调查，才能对目标企业的财务状况有个初步了解。

核实 3 大模式

在实地调查中，明晰目标企业的业务情况和盈利情况，也是调查者的重要工作。如果一个企业即将被市场淘汰，那么它的业务模式、盈利模式、营销模式必定是落伍的，不符合当下的时代潮流。对于财务尽职调查人员来说，在实地调查中应该如何核实目标企业的这 3 大模式呢？

首先，企业的业务模式是企业为市场提供何种产品或服务，以及企业的业务流程如何，包括：业务逻辑是否可行？技术是否可行？是否符合市场和消费者的心理和使用习惯？等等。此外，调查人员还要核实目标企业的人力、资金、资源是否足以支持企业的业务发展等。

其次，在核实目标企业的盈利模式时，需要了解其通过哪些手段来获得利润，其业务通过哪些途径来实现，等等。

最后，企业的营销模式指的是企业如何去推广和营销自己的产品或服务，企业的销售渠道、销售激励机制是否良好，等等。

一个企业能否盈利与其业务模式有关，而好的盈利模式必然要通过高效、创新的营销模式来体现。一个良性发展的企业，这 3 大模式应该是相互促进而不能有冲突的。因此，在进行实地调查时，要判断这三者是否存在矛盾和冲突。

核实 5 个结构

如果想要充分了解一个企业全面的财务状况,那么在实地调查时,财务尽职调查人员需要对目标企业的 5 个结构,即股权结构、高管结构、业务结构、客户结构和供应商结构进行仔细的了解和调查,获悉这些方面的信息,具体如表 3-11 所示。

表 3-11 实地调查中要核实目标企业的 5 个结构

序号	项目	说明
1	股权结构	目标企业主要创始人的股份不能太少,要有一个核心;注意股权结构要合理,要有主次
2	高管结构	企业管理队伍的人员结构要优势互补,各方面的人才都要安排合理;不论有何种专业背景、工作经历的人才,都要有互补性,注重团队精神,运作协调、高效
3	业务结构	企业的主营业务和盈利业务要突出,产品结构的层次要合理,不仅要有明星类产品,也要有现金流类产品,技术和产品创新要并驾齐驱
4	客户结构	要有主要客户,但不能过于依赖"老客户",要拓展新的客户群体。合作的客户要诚信、有实力,无拖欠货款的问题
5	供应商结构	有优质且长期合作的供应商,在供货可靠性、原材料质量、价格方面都有保证

为什么以上 5 个结构如此重要呢?因为只有这样才能够确保目标企业实际控制人和股东们对本次财务尽职调查的工作是知悉的,并且是同意相关并购事项的,也能够防止后期产生不必要的麻烦。

曾经就出现过在实际的财务尽职调查中,由于小股东对收购事项不同意而导致收购失败的情况。很多企业都会存在股权代持的情况,因此,在实地调查时,财务尽职调查人员必须要注意股权代持的合法合规性,考虑后期是否会存在相关的股权纠纷等因素。

任何一个企业的运营都十分复杂,厘清这 5 个结构有助于调查人员对目标企业的具体结构有清晰、明确的认知，也便于判断目标企业的财务风险和价值。

其他要注意的细节问题

在实地调查中，除了要对目标企业的细节牢牢把握，也要注意"避让原则"。譬如，在询问企业的实际控制人时，需要避让企业的其他股东或财务人员，反之亦然。倘若企业的实际控制人和其他股东恰巧都在同一现场，那么财务尽职调查人员也可以要求他们分成两组来访谈。

此外，财务尽职调查人员应遵循"实时沟通原则"。在财务尽职调查的实地调查过程中，如果调查人员发现了目标公司重要的问题和信息，财务尽职调查小组的成员应该第一时间和委托方沟通，让投资方了解这些问题的存在，做到客观、详细、及时地反映问题。在某些情况下，由于目标企业存在某些特别严重的问题，可能会直接导致投资或并购项目的失败。此时，调查小组就需要通知委托方和目标企业商榷后续的处理事宜。判断哪些是重大问题，也是考究财务尽职调查人员功力的重要依据。

正所谓，台上一分钟，台下十年功。在实地调查的阶段，调查人员要细心、耐心地对每一个细节进行深入了解和调查，这样才不会对目标企业的判断产生重大偏差，从而为委托方后续的交易提供切实可靠的数据和预测，避免造成不可挽回的损失。

第 4 章 调查方：重点关注篇

4.1 如何发现目标企业的风险

发现目标企业的潜在风险是财务尽职调查的一项重要工作。由于行业性质、企业特质和管理者背景等原因，企业在生产经营活动中可能会面临各种各样的风险，尤其是财务风险。在本节中，我们将学习目标企业主要的风险类型及对应的调查方法。

企业财务风险

财务尽职调查人员在了解目标企业的财务风险之前，首先应该了解企业财务风险有哪些类型。

虽然企业的运营模式各有千秋，产出的产品品类也不尽相同，但是企业的财务风险类型大同小异。企业的财务风险主要来源于 3 个方面：①未对运行项目做资金预算，或预算不合理、不科学，或在项目执行时缺乏有效监管，未纳入考核管理范围；②启用资金时，出现筹资、决策、调度、管理方面的漏洞；③企业的财务报表不规范，或财务报表弄虚作假，以及未能有效地利用财务报表，导致存在经营问题。接下来，我们就具体来了解企业在运营时可能会出现的风险。

企业的财务风险主要有企业资金风险、企业筹资风险、企业投资风险和企业现金流风险4大类。

（1）企业资金风险。

企业资金风险主要有4类，如表4-1所示。

表4-1 企业的4类资金风险

序号	类型	说明
1	现金风险	企业在运营时，因现金流不足，无法把控获利的机会，无法及时支付各类正常经营所产生的各项费用，使企业的经营受阻。进而，企业需要为筹措资金而不得不付出额外开支，加重企业的现金流负担
2	应收账款风险	赊销、垫付资金未能及时收回，形成坏账，致使企业产生债权资金的机会成本，增加企业应收账款管理费，引发因现金流中断或资金链断裂形成的巨大风险
3	存货变现风险	对市场预判失策，造成产品及半成品库存积压，不能及时出库变现；企业内部管理混乱，对原材料使用情况误判，造成大量积压，从而增加企业资金压力，增加管理成本
4	流动性风险	资产分布不合理，长期资产占比过重，货币及短期投资比例较小，致使资金周转缓慢，造成运转吃紧，或因企业存在大量应收账款、库存积压等原因引发流动性风险

（2）企业筹资风险。

企业筹资风险是指企业在借入资金时，由于供需市场、宏观经济等发生变化而引发的一系列不确定性风险。

目前，很多企业都在采用银行贷款的方式来筹集资金。贷款之前，如果企业不能认识到银行借款门槛高、拨款数额有限等诸多不利因素，那么，就有可能对内部生产及市场销售没有明确的认知，使贷款资金未能按时产生经济效益，导致产生利率风险。当金融市场出现波动时，也可能会造成利率风险。

当供需市场、宏观经济的波动变大时，汇率波动将变大，这会导致企业产生汇率风险和购买力风险。这些风险类型与涉及进出口的企业的关联性较大。

此外，企业如果运用各类违法、违规的方式进行筹资，或者在运用金融市场的各类融资方法和品种时没有注意到融资方式的变动，也有可能导致再融资的风险。

（3）企业投资风险。

企业投资风险是指，企业将资金投入到某个项目中时，项目的实际收益与预期收益存在偏差，继而引发投资、收益、变现、购买力等方面的一系列问题，给企业造成不利影响或亏损的风险。那么，企业产生风险的投资类型都有哪些呢？

企业投资主要分为直接投资和证券投资。按《中华人民共和国企业法》规定，当投资金额占比达到企业股权的 25% 时，该投资类型被视为直接投资。而证券投资的形式又可以分为 2 种，即股票投资和债券投资。

股票投资是通过购买股票、兼并、联营等方式向被投企业展开投资，获得股权。这是一种风险共担、利益共享的投资方式。

债券投资是通过购买债券或租赁投资等方式进行投资，通过定期收取固定利息来产生收益。相较于股权投资，这种投资方式风险较小。该类型的投资在伴随低风险的同时，收益也较低。值得注意的是，债券投资也有可能会面临被投资者无力偿还债务的风险。

（4）企业现金流风险。

现金流对企业来说是生存之本。一家企业一旦出现现金流中断，就有可能使企业的经营陷入困境，甚至使其破产。企业现金流出现风险主要由以下 4 个因素造成，如表 4-2 所示。

表 4-2 造成企业现金流出现风险的 4 个主要因素

序号	因素	说明
1	企业管理不善	在项目开展中盲目扩张、过度投资,造成企业现金流压力增大,严重时还可能会引发资金链断裂。此外,企业在从事扩张、收购、兼并等行为时,大都通过借贷、融资等资本杠杆来完成,此时,一旦某个环节出现延迟、滞后或变动,就有可能引发企业现金流风险。譬如,融资渠道过于单一,一旦融资方发生变动,使其资金到付延后或无法到付,都会致使企业整体资金链收紧,从而引发现金流风险
2	决策失误	在企业投资过程中,正常的企业投资应该是一个良性、不断循环的过程:投入资金、形成资产、再由资产创造收益。但是,一旦在这个过程中出现决策失误,就有可能打破这个循环链。譬如,某些高投入、低产出的投资活动致使企业现金流吃紧;或项目资金的投入完全凭企业决策人的兴趣,不重视市场调研及可行性分析;或企业现有资金无力应对庞大的投资金额;等等
3	对经营性收支账期考虑欠妥当	对经营性收支账期考虑不够全面,只看到企业的高利润。譬如,应收账款未能及时收款,应付账款预算不合理,从而引发企业的信用风险,这种风险极有可能导致银行等金融部门对该企业实施"紧缩政策",使其资金出现危机
4	现金流的内部管理方式不完善	譬如,库存安排不合理,出库较慢,造成库存积压,从而占用企业大量现金流;未能重视企业生产、销售、管理成本过高带来的现金压力等

企业经营风险

企业经营风险主要包括外部宏观环境风险和内部经营风险 2 个方面,如图 4-1 所示。

地震、海啸、疫情等都属于外部宏观环境风险中的自然资源与灾害因素,这些自然灾害所引发的风险是企业难以掌控的,而面对由社会环境、市场环境、科技发展水平、政策导向等因素引发的风险时,企业可以及时调整自身的内部经营,以适应外界环境的变化。

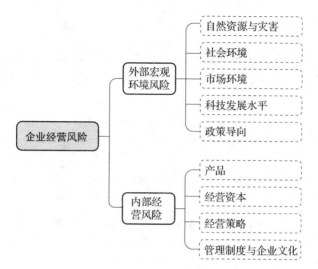

图4-1　企业经营风险的分类

企业内部经营风险主要包括4类。产品风险可以从产销规模、成熟度、多样性等方面考虑。经营资本风险可以从现金流、资金储备上入手分析。经营策略风险可以从经营目标、运营能力、生产经营循环等方面考虑。管理制度与企业文化的选择在一定程度上也会左右企业的稳定性和发展。

一家企业的发展会经历起步期、成长期、成熟期和衰退期4个阶段。企业在起步期与衰退期的经营风险最高；处在成长期或成熟期的企业拥有成熟的产品、稳定的销售渠道和完善的管理体系，因而此时的经营风险较低。

企业经营形式的多样性也会影响其风险水平。经营形式的多样性不单单指盈利产品的多样性，也体现在生产、销售方式的多样性上。突破传统，适应现代化的生产、销售方式，可以加大销售金额，更容易使资金回笼，缓解企业现金流的压力，从而减小企业经营风险。

此外，明确的经营目标、稳健的运营能力、注重执行的管理手段能够有效地控制企业的经营风险。

企业税务风险

企业税务风险主要体现在资产负债表、利润表的涉税风险项目中,具体有以下 4 类,如表 4-3 所示。

表 4-3 企业主要的 4 类税务风险

序号	说明
1	大量使用现金支付企业生产时的相关费用及员工工资,较高的支付费用使税费风险增高
2	在应收款项目、应交税费项目内,存在少纳或未纳税款的情况,或虚增收入、虚开发票、错开发票、接受第三方发票的情况,增加了税务风险;企业会计专业知识不够强,造成一些应收款项、借款、预付账款、应付职工薪酬等处理不当,致使不该缴纳税款的项目多缴纳税款,一些应缴纳的税款未按时缴纳;或是收入与费用金额不匹配,引发大数据预警,进而引发税收稽查风险。譬如,企业外购商品给职工发放非货币性福利,未能按照销售处理,未确认销项税额
3	股东对企业出资不实,计税方式应按企业实收资本科目余额计算,而非注册资本金额
4	收入和支出不实,擅自扩大或减少某些费用,用其他项目取代;各项业务费用或利息在税前提前扣除等造成税务风险

企业税务风险涉及经营的许多细节问题。财务尽职调查人员在查看目标企业的税务账单时,应格外注意分析其背后的风险。

企业债务风险

企业债务风险指的是资产负债表上的借款、欠款、应付账款等项目的风险。除此之外,企业债务风险也可能来自其他企业或单位赊欠账本上的各类款项。

企业债务风险可归因于外部环境变化和内部管理不善,其主要体现在 4 个方面,如表 4-4 所示。

表4-4 企业债务风险主要体现的4个方面

序号	说明
1	企业在从事经营活动时，遇到行业保护主义，致使企业的债权无法履约，让企业蒙受损失
2	在市场的竞争活动中，部分企业采用不正当竞争手段排挤乃至压垮对手企业，导致对方背负债务
3	在企业与合作者立项时，未审查对方资质就签订合同，致使合同方无力偿还所欠债务
4	未在合同有效期内履行自身权利；或在权益受侵时，不能主动采用法律手段维护利益，致使错过法律保护的诉讼期，导致企业债务增加，增加企业负担；或使得部分债务难以追回，加重企业负担

以上是企业在经营发展时可能会遇到的债务风险，财务尽职调查人员要结合市场、行业动态等外部环境，以及企业内部的管理、控制体系，从企业的财务报表和其他各类数据表格中，分析目标企业的债务风险。

5大关键财务风险点及对应的调查方法

在财务尽职调查中，目标企业最为关键的财务风险点主要有5个，分别是企业收入风险、财务指标风险、企业关联方风险、会计政策风险及财务报表的科目风险。接下来，我们对它们进行一一分析。

（1）企业收入风险。

收入是每家企业在经营业绩上的重要表现形式。因此，在所有财务风险点中，企业收入风险是至关重要的一项。

一般情况下，目标企业肯定想要将自己好的一面展示给投资方或调查方。因此，在侥幸心理的驱使下，企业会偶尔存在舞弊行为，也就是通过收入造假来营造良好的经营状况。这就需要我们在财务尽职调查过程中对企业的收入情况进行多方面的核查，确保可以了解到目标企业最真实的财务状况。就目前来说，伪造虚假客户来增加交易、进行关联方交易等是最常见的收入舞弊手段。

譬如，一些企业会伪造销售合同，企图用虚假的销售数据瞒天过海，以达到企业销售收入在表面上"好看"的目的。而在财务尽职调查过程中，因为时间和人力有限，一般很难对每份合同文件都进行审核鉴定，因而就很容易出现"漏网之鱼"。所以在进行财务尽职调查时，不仅要对目标企业的账簿和收据凭证等内部资料做仔细核实，同时还要对外部的证据加以调查。假设目标企业是一家运输行业的企业，那么就要对其运输单据、相关定价政策等进行进一步核查。

而由关联方交易导致的收入风险更加复杂，最直接的方式就是将关联企业的部分业务确认进自己企业的收入之中，以达到伪造数据的目的。一旦发现目标企业收入中有很高比例是来自于关联方企业，调查人员就要提高警惕。一般针对这种情况，财务尽职调查人员会将属于关联方的收入从总收入中单独剔除，然后再进行分析。

在了解了企业收入风险之后，接下来，我们应该如何判断企业的真实收入呢？

一方面，绝大部分企业都是通过销售商品或服务来获得利润，我们可以通过销售合同以及单据来推算出企业的大致收入范围。为了确保其真实性，财务尽职调查人员可以对目标企业的大额销售合同以及运输单据等凭证进行核查，判断企业是否真的对产品进行了销售。

另一方面，要从现金流量表中识别收入的真伪。一般情况下，如果没有现金流入，但利润却始终在增加，那么，目标企业极有可能在收入上存在不真实的情况，需要对其数据进行进一步的核查。而银行流水就是判断目标企业收入的重要凭证，可以直接反映出目标企业的现金流。在核查过程中，可以把不相关的科目进行剔除，然后和银行流水做对比，从而推算出企业的真实收入。

此外，还有许多判断企业收入真伪的方法。企业的纳税金额也可以反映出其大致的真实收入，财务尽职调查人员可以审查目标企业发票的真实性，来判断它是否和企业实际盈利相符。我们也可以利用利润表和资产负债表中某些项目数据来判断收入的真伪。对于那些销售价格异常的客户，调查人员要对其进行重点核查，判断其交易的合理性。必要的时候也可以进行走访或电话联系主要客户，通过与之访谈判断销售金额及数量是否真实。

（2）财务指标风险。

财务指标的最大风险点是造假。如果目标企业的某些财务指标大幅偏离同行业的平均水平或存在较大变动，那么财务尽职调查人员就应该重视此类情况，可以先向目标企业的管理层询问具体情况，并做具体调查。此外，还要对一些大额应收账款的真实性及回收可能性进行抽查。通过查阅企业内部的应收款明细资料，来分析其中潜在的财务风险。

如果目标企业的应收账款中出现过坏账，那么，调查人员要了解其产生的原因以及目标企业有无采取相应措施进行处理。在某些企业中，还会出现原料、成品的比例不合理的情况，此时，可以核实该企业的存货明细资料，对生产模式进行进一步分析，以找出原因。至于存货的数量及具体情况，一方面要询问相关会计人员及查阅历史库存资料，另一方面在必要时也可以进行实地考察。

（3）企业关联方风险。

企业关联方风险主要有两个方面。其一，目标企业与关联方存在利益往来和不正当关系。这一点可以先向企业管理层了解情况。同时，调查人员需要查阅企业的股权及组织结构图、重要会议记录和重要合同等文件，对其进行初步的了解。接着，调查人员要核实关联方在做出交易决策时是否遵守了企业章程，核实是否按照规定履行了审批程序。

其二，关联方的交易定价和第三方价格有较大出入，以及关联方的收入在目标企业的总收入中占比过高。要了解企业是否存在上述风险，就需要查阅账簿、相关合同或会议文件来确定。此外，如果关联方在交易中出现了大额销售金退回的情况，调查人员就要了解清楚其对财务状况的影响程度，并及时和目标企业的相关人员进行讨论。

例如，在对某网络科技公司的财务尽职调查中，调查人员根据与该公司总裁办的访谈得知，该公司的总裁办、财务部、人事部及后勤部人员为该公司及其关联方共同使用，存在混同用工的情况。这种情况可能就会导致相关的财务、税务风险。

（4）会计政策风险。

会计政策风险主要有客观因素的财务风险和主观因素的财务风险2类。

客观因素的财务风险主要是会计系统内部不可控的那部分风险。譬如，会计数据不能准确地反映客观事实而造成企业数据的"滞后性"，企业内部的局限性影响了会计信息的质量，以及计算机系统对会计工作造成的会计电算化风险。

主观因素的财务风险则是由于会计人员自身的局限性，对风险没有充分的认知，未及时采取措施来进行有效防范，从而产生的风险。其中，最常见的是技术风险和道德风险。技术风险的产生是由会计人员的业务素质及技术水平过低造成的，而道德风险则是由于会计的信息不对称，使企业所有者和企业经营者的目标不一致造成的风险。如果想要避免这些风险，一方面，要加强会计人员的职业素养；另一方面，则要完善会计政策，减少原有的各种漏洞。

（5）财务报表的科目风险。

财务报表对企业财务和经营的重要性不言而喻，它可以通过直观的数据反映出当前企业的经营状况。资产负债表、利润表、现金流量表是最重要的三张财务报表。这三者既各自独立，又密不可分，它们中的某些科目还存在勾稽关系。财务尽职调查人员应该从财务报表的科目勾稽关系中发现财务风险。下面就让我们对其逐一分析。

资产负债表的财务风险主要体现在目标企业的负债能力上。财务尽职调查人员需要从应收账款、存货、其他应收款、无形资产及其他资产这4个重要科目上核查目标企业有无负债风险。譬如，在应收账款上，要特别注意是否存在水分。如果发现应收账款的时间过长，那么就说明目标企业可能存在信用不过关或者产品有瑕疵的风险。而在存货上，则要注意是否有虚假库存，需要进一步审核相关数据。对于无形资产与其他资产，也要注重通过细致的核实，确保数据的真实性。

在利润表中，财务尽职调查人员需要格外关注销售费用、管理费用、营业外支出、资产减值4个科目存在的风险。如果销售费用过高，则反映出销售渠道以及客户的认可度上还存在风险。如果管理费用偏高，就表示该企业的内部运作效率较低，需要进行改善。而营业外支出的高低和资产减值这两项，则都是判断该企业是否管理得当的依据。

对于现金流量表也不能掉以轻心。它往往最能体现出目标企业获取现金的能力，而这种现金流的轨迹也同样存在着造假的风险。譬如，销售商品、提供劳务所收到的现金与营业收入、增值税增幅不匹配，购买商品、接受劳务支付的现金与营业成本增幅不匹配，投资活动收到的投资收益与投资的本金不匹配，等等。因此，调查人员要对其进行深入调查，确保其中没有水分。

总之，在进行企业的财务风险分析时，财务尽职调查人员在保持独立性的原则上，需要对企业财务状况进行全面的了解和调查，将所有风险点逐一分析，这样才能对企业的风险做出正确判断，为委托人提供准确的财务尽职调查数据。

注重企业的财务造假问题

为了应对财务尽职调查，少数企业会对财务数据进行造假。而这样的舞弊行为不仅欺骗了投资者，对企业自身估值和发展也不利。那么，在财务尽职调查过程中，应该如何判断企业收入的真实性，又该如何发现目标企业的财务造假问题呢？

常见的企业财务造假，一般可以从5个方面发现端倪，如表4-5所示。

表4-5 发现企业财务造假的5个方面

序号	说明
1	需要对目标企业的货币资金余额进行核查。若发现现金存量远远超过所需要的周转资金，或是账面上虽然有大量现金，但又欠有银行的高额债务，从而导致"高现金和高债务共存"的现象，那么，这就说明该企业极有可能存在财务造假问题
2	如果目标企业的应收账款或者存货的周转率长期处于下降状态，但是业绩却逐年提升，这样的矛盾点也能够说明财务异常。如果利润指标持续良好，但却一直没有进行现金分红或新的再投资，那么目标企业可能就有虚报利润的嫌疑
3	一个企业如果想要财务造假，有时候就会出现营业利润和投资收益经常性反向互补的现象，也就是每当营业利润下滑的时候，投资收益就会呈现上升趋势。反之亦然。除此之外，如果目标企业存在虚报收入或者虚报费用的行为，那么就很容易出现一种情况：尽管企业利润有所增长，但营业或管理费用却有不合理的降幅
4	出现毛利率或主营业务利润率过高，以及利润数据和现金流不符等情况，都预示着该企业有财务造假的可能。譬如，营业利润有500万元，但现金流量却只有5万元，这种情况下企业极有可能虚报了营业利润
5	在财务报表中，某些科目的数字过分整齐，这极有可能是数据被故意篡改过，需要进行进一步的核查

对于这些层出不穷的财务造假行为，在进行财务尽职调查时，要如何去伪存真呢？

在整个调查过程中，财务尽职调查人员最重要的是判断财务数据与业务数据是否相符，并对财务数据进行对比和验证。

首先要对目标企业的收入有深入了解，判断其收入是否合理。一方面，我们可以从其固定资产入手。譬如，一家企业如果要增大产量，那么必定会对机器设备等固定资产进行投资，如果产值及收入都在增长，但固定资产却没有随之增加，那么该企业就可能存在生产数据造假的情况。另一方面，可以从职工薪酬入手。如果企业产量持续增长，但职工的薪酬以及社保部分的支出却没有相应增加，那么结合对职工薪酬报表的分析，就可以判断其存在虚假成分，需要对其进行进一步的核查。

除了从数据入手之外，作为财务尽职调查人员，还需要对一些资金变动较大的财务报表科目特别关注，通过了解其性质以及交易方，确定其商业用途。如果是互联网企业，还要核查是否存在刷单的现象。

同时，还需要注意一点，如果目标企业曾经有过并购行为，就要对其收购溢价进行分析和核查，判断其是否存在价格虚高的情况、收购的流程是否规范以及收购后的运营情况如何等，根据这些来判断该收购事件的合理性。

想要做好财务尽职调查，就要充分了解企业是否有造假行为，这样才能避免给投资人造成损失。

4.2 如何评估目标企业的价值

如何评估一家企业的价值？由于所处的角度和使用的方法不同，不同的利益方会有其各自的观点和结论。在给目标企业估值时，财务尽职调查小组该如何做好评估目标企业价值的工作，才能为投资人给出最符合他们需求的企业估值呢？在本节中，我们将来阐述这个问题。

企业估值的3个主要方面

要想真正发现一家有价值的企业并非易事，就像真金也要经历千万次的淘洗才能显现它的价值一样。那么，在进行财务尽职调查时，我们又该如何发现和评估目标企业真正的价值呢？在给企业估值时，调查人员需要考虑3个主要方面，分别是企业盈利能力、企业经营能力和企业偿债能力。接下来，我们对它们进行分别说明。

（1）企业盈利能力。

企业盈利能力是指企业自身资产或资本增值的能力。而企业经营的目的是盈利。因此，企业盈利能力是彰显企业价值的重要指标。

财务尽职调查小组要想了解一家企业的盈利能力，光看企业财务报表上的数字远远不够，还需要从企业的资产盈利能力、资本盈利能力、主营业务盈利能力等多个方面，判断目标企业的总体盈利能力。

①资产盈利能力是指目标企业通过资产运营的方式产生利润的能力。它主要与企业的资产报酬率和成本费用利润率有关。其中，资产报酬率的计算公式如下所示：

$$资产报酬率 = \frac{净利润 + 利息支出 + 所得税}{平均资产总额} \times 100\%$$

成本费用利润率的计算公式如下所示：

$$成本费用利润率 = \frac{利润总额}{成本费用总额} \times 100\%$$

如果目标企业的资产报酬率比较高，说明其资产盈利能力较强。而成本费用利润率表示的则是企业花费一定数额的成本之后，得到相应利润回报的情况，其能反映出企业的经营状况。

②资本盈利能力是指企业股东通过投入资本经营取得利润之后，企业

获得收益的能力。这一指标与企业的净资产收益率密切相关。企业的净资产收益率越大,说明企业的资本盈利能力越强,股东们得到的回报也越高,这也意味着企业越有可能是高回报率的企业。

③主营业务盈利能力。一家企业依靠哪些业务盈利是投资者衡量其盈利能力的重要标准。一家企业只有主营业务表现出色,才有可能在盈利能力上更有价值。企业主营业务盈利能力主要看的是其主营业务利润和主营业务利润率。两者的计算公式如下所示:

主营业务利润 = 主营业务收入 − 主营业务成本 − 主营业务税金及附加款项

$$主营业务利润率 = \frac{主营业务利润}{主营业务收入} \times 100\%$$

通过上文的阐述和分析,我们可以得出:一家企业以上3个指标的数值越大,企业的盈利能力就越强。同时,财务尽职调查人员还需要注意一些其他指标。譬如,企业的销售费用率、净资产现金回收率、净资产收益率等。销售费用率偏高,说明企业成本数值大,可能依靠一些打折促销活动来带动销售额的增长,本质上不是真正经营良好的表现。净资产现金回收率高,说明企业的现金回笼能力强,可能为企业带来巨额收入或利润,说明企业的发展势头比较良好。

(2)企业经营能力。

松下幸之助说过,经营企业,是许多环节的共同运作,差一个念头,就决定整个失败。因此,要判断一家企业是否有高价值,也需要着重分析该企业的经营能力。如果说盈利是企业运作的结果,那么经营就是企业创造价值的过程。因此,财务尽职调查小组对于目标企业经营能力的分析,可以发现企业在资产营运中所存在的问题,从而理性地判断目标企业的真实价值。

财务尽职调查人员在分析目标企业的经营能力,并对其进行估值时,需要注意以下3个问题,如表4-6所示。

表4-6 通过企业经营能力进行估值时要注意的3个问题

序号	说明
1	分析一家企业的经营能力,首先要明白企业经营是为产生效益而服务的,然后再考量这家企业的资金周转情况和营运效率
2	在保证盈利的前提下,任何一家企业经营能力越强,其盈利能力和偿债能力也会越强,其估值也会越高
3	不同类型的行业及企业,其经营能力的评判标准不同。因此,并不是所有企业都需要快速的资金周转速度。财务尽职调查人员在调查和分析数据时,也要充分考虑不同行业的特征

(3)企业偿债能力。

企业偿债能力可以理解为企业财务资源对债权人的保障力度。任何一家企业,不论其规模如何,当它的债权到期时,能够将其偿还给债权人,说明这家企业的偿债能力良好。那么,财务尽职调查人员应该如何具体评价企业偿债能力呢?我们可以主要从自有资金的规模、融资能力两个方面来衡量。

①自有资金的规模。企业的自有资金,指的是企业自身在经营活动中持有的资金。企业能够自行支配这部分资金,无须偿还,如股东实缴资本、银行的贷款等。企业的自有资金会对企业的经营性现金流、流动资产的周转速度产生影响。企业的自有资金如同企业的"家底","家底"越丰厚,说明抵御风险的能力也就越高,偿债能力也就越强。

②融资能力。企业融资主要有股权融资和债务融资2种方式。融资能力强的企业能够为企业融来更多的现金,这也意味着企业有更强的资金周转能力,从而说明企业的偿债能力较强。企业的融资能力需要综合考察企业多方面的因素,如股东背景、集团的资源整合、企业在行业中的地位、

企业的资产规模、融资渠道等。

企业自有资金的规模和融资能力的数据可以从财务报表中分析得出，但其中也有小部分数据需要通过其他途径获得。此外，财务尽职调查人员在查看目标企业的财务报表时，也要多留一个心眼，提前核实这些数据的真实性。如果财务报表的科目造假，那么它就无法真实地反映出这家企业的实际偿债能力。

如何对企业进行估值

股神巴菲特认为，投资最核心的两件事是为企业估值和如何看待市场的波动。可以这么认为：企业估值就是企业价值投资的准绳。那么，财务尽职调查人员应该如何为企业进行估值呢？

在财务尽职调查中，不同的估值方法适用于不同行业或不同财务状况的企业。所以，对待具体问题我们需要进行具体分析，谨慎选取适合的估值方法。大多数投资者在对目标企业进行估值时，会采用绝对估值法和相对估值法。

绝对估值法，即直接对目标企业的股票进行价值估算。这种估值方法主要采用现金折现的方法对企业进行价值评估，如股利贴现模型、自由现金流折现法等。

相对估值法，是指找到相对同类型的企业或同行业的市场平均值来进行比较，从而得出目标企业的估值。这种估值方法会将两家企业的市盈率、市净率、市销率等一系列的指标进行横向、纵向的比较。它的特点主要是采用乘数方法，相对于绝对估值法来说更为简便，所以其应用的范围也较为广泛。P/E估值法、P/B估值法、EV/EBITDA估值法、PEG估值法、市销率估值法、EV/销售收入估值法、RNAV估值法等都属于相对估值法。

以上两种估值方法各有优缺点，如表4-7所示。在财务尽职调查中，调查人员要根据企业的属性来选择最适合的估值方法，从而得出目标企业最为准确的估值。

表 4-7 绝对估值法和相对估值法的优缺点对比

方法	优点	缺点
绝对估值法	①估值详细，维度全面，从目标企业的长远性考虑；②消除了税务和财务杠杆的影响；③自由现金流不易被操纵；④国内现金分红的上市企业较少，自由现金流折现模型较为适合	①费时费力，投入较大；②需要对目标企业的经营模式和市场行情进行深入分析；③估值结果主观性较强，不确定性的风险较大
相对估值法	①流程简单，操作容易；②估值结果与市场水平接近，风险较小	①选取进行对比的企业或行业如果不具备典型性和数据真实性，会导致估值误差巨大；②可能无法反映目标企业的真实价值

3 种常用的估值方法

资本市场云谲波诡，只有用对了方法，才能保证估值的准确性。在做企业估值时，财务尽职调查人员第一步是选择适合目标企业的估值方法，接着便需要建立和优化选定的估值模型，以便做出最准确的价值估算。通常而言，自由现金流折现法、市盈率估值法、企业价值倍数法是调查机构常用的企业估值方法。

（1）自由现金流折现法。

巴菲特认为，一家企业的核心价值是未来能够产生出多少现金流量的折现值。由此可见，一家企业的现金流占据着多么重要的位置。那么，用来衡量企业现金流的估值方法自然也不容小觑。自由现金流折现法（Discounted Cash Flow）是由美国学者拉巴波特提出的。在资本市场上，现金流至关重要，所以在做企业估值时，财务尽职调查人员无法绕开自由现金流折现法。

自由现金流折现法通过预测未来可供企业资本主要供应者分配的现金流，来估算目标企业的价值。这里的现金流指的是在满足了再投资需求之后所剩余的现金，并且也不会影响企业的持续发展。

这种方法有 3 个关键数据，分别是企业目前的自由现金流、企业未来 10 年的增长率以及计算估值时所采用的折现率，具体内容如表 4-8 所示。

表 4-8 自由现金流折现法的 3 个关键数据

序号	关键数据	说明
1	企业目前的自由现金流	企业自由支配的现金流 = 现存的经营现金流 − 长期固定资本支出。通过企业已往的财务报表数据，可以计算出过去和目前所能支配的自由现金流
2	企业未来 10 年的增长率	通常根据企业目前的增长水平来预测企业未来 10 年的增长率，这个数值就是企业未来几年的相对永续增长率
3	计算估值时所采用的折现率	通常用企业 10 年期的国债利率加上风险溢价率，可以得出折现标准（一般是 2%~3%）

在估值的计算过程中，我们可以一步步地计算出企业的自由现金流并折现，然后通过企业未来的增长率，再估算出企业每年的自由现金流量水平；再把计算后的结果按照确定的折现率进行折现；最后，计算出企业的内在估值，即等于未来 10 年的折现总和加上永续价值的折现值。

我们可以举一个简单的例子。以华为为例，如果想要了解华为可以支配的现金流，首先要得到华为过去 3 年的净利润；然后再从华为的年度财务报告中得出它的固定支出成本；最后，就可以得出华为目前所能自由支配的现金流了。

从上述案例中可以看出，自由现金流估值法的估值过程相对比较容易操作。但在实际估值过程中，会存在许多不确定的因素，所有数据不会明明白白地写在财务报表中，需要我们灵活选取相关数据，对具体问题进行具体分析。

（2）市盈率估值法。

市盈率估值法与财务报表关系密切，因此其应用范围十分广泛。它最早是由英国投资大师史莱特提出来的，将其发扬光大的是一位来自美国的投资经理彼得·林奇。

市盈率估值法（Price Earnings to Growth Ratio）简称 PEG。其中，PE 指企业的市盈率，G 指企业潜在的盈利增长率。PEG 的具体含义指企业的市盈率（PE）与企业潜在的盈利增长率（G）的比值。如果 PEG 大于 1，我们就可以得出企业价值被高估了；如果 PEG < 1，则是企业价值被低估了。

我们也可以给出一个案例。假设目标企业的市盈率是 20 倍，预期未来 3 年内该企业的增长率为 25%，即 PEG 等于 0.8，它的 PEG 小于 1，也就可以得出该企业的价值是被低估的。反之，如果预期未来 3 年内这家企业的增长率为 10%，那么 PEG 等于 2，它的 PEG 大于 1，说明该企业的价值就是被高估的。如果企业的 PEG 等于 1 呢？此时可以判断该企业的估值比较合理。通常认为，PEG 数值在 0.9~1.1 的区间内企业估值都较为合乎情理。

市盈率估值法存在一个问题，即它并不能很好地估算出那些业绩增长速度较快的企业。一旦一家企业的增长率在 30% 以上，那么通过计算得出的 PEG 数值就会比较小，这显然不符合实际情况。因此，这种估值方法只适用于那些业绩可预测性较强并且年业绩增速小于 25% 的企业。

（3）企业价值倍数法。

在 20 世纪 80 年代以前，企业价值倍数法还仅仅是用来评估企业偿债能力的方法。后来，伴随着资本杠杆收购的浪潮，企业价值倍数法才重新被大众认识，并开始广泛使用在企业估值上。

企业价值倍数法又称 EV/EBITDA 法。其中，EV 为企业价值

(Enterprise Value),EBITDA 为企业在付息、交税、折旧和摊销之前的利润额(Earnings Before Interest,Tax,Depreciation and Amortization)。企业价值倍数法的相关公式如下所示:

$$企业价值倍数 = \frac{企业价值}{企业在付息、交税、折旧和摊销之前的利润额} \times 100\%$$

企业价值 = 股权市值 + 债券市值 – 现金 = 市值 + 净负债

企业在付息、交税、折旧和摊销之前的利润额 = 营业利润 + 折旧费用 + 摊销费用

营业利润 = 毛利润 – 销售费用 – 管理费用

从以上这些公式中可以看出,企业价值倍数法要考虑到的因素较多,剔除了企业的利息、税收、折旧和摊销等因素,因此这种估值方法比较适合运用在需要长时间投入才会有所回报的企业上。譬如,受到不同国家会计准则和税率的影响的国际并购案,或那些有稳定消费端的大型企业,这种估值方法可以几乎不受影响,得出的数据也更具参考价值。但也正因为涉及因素较多,这种估值方法的计算方法也比较复杂,远不如市盈率、市净率等指标来得简单、直接。因此,这种方法比较适用于那些长线操作的企业。

总而言之,企业估值并非难以判断,最难的还是财务尽职调查人员要如何根据不同的企业类型选择不同的估值方法。估值分析也并非是一门精准的科学,调查人员能做的是给出价值预测作为委托方行动的依据。因此,财务尽职调查人员要选择合适的估值方法为目标企业估值,给客户提供一个值得信赖的估值结果。

第三部分

应对者视界
目标企业的方法论

财务尽职调查

洞悉估值本质

3

尽职调查是委托方与目标企业之间的一座桥梁，它为双方搭建了信息互通及合作的通道。对于目标企业来说，如何让这条通道保持畅通，使资本交易的双方最终达成圆满的合作，是其最为关切的问题。

在该部分中，我们将从前期准备篇、过程应对篇和重点执行篇3个篇章着手，分析目标企业在与财务尽职调查的委托方和调查方的交涉中，应该提前注意哪些方面的问题，要如何准备好应对调查。此外，该部分为目标企业提供规避风险和提高估值的方法，使其能够更加从容地应对财务尽职调查。

第 5 章　目标企业：前期准备篇

5.1　企业为什么会被"尽职调查"

俗话道，宜未雨而绸缪，毋临渴而掘井。在财务尽职调查工作中，目标企业作为被调查的一方，需要做好前期准备工作，未雨绸缪。目标企业在做好应对工作之前，需要首先明白自身为什么会被"尽职调查"。

并非所有的企业都会被"尽职调查"。尽职调查往往在企业的兼并、收购或者投融资活动中出现。尽职调查主要包括业务尽职调查、财务尽职调查和法律尽职调查，主要目的就是对目标企业的财务状况、交易风险、税务及法律风险等总体情况有一个清晰、全面的认识，形成交易双方的信息对称。因此，对任何一家被调查的企业来说，都不必过于紧张和恐慌，毕竟一次尽职调查能够对两家企业或机构的长期合作起到不可忽视的作用。

理解财务尽职调查的目的和侧重点

了解目标企业的信息是投融资、兼并、收购等资本行为的重要基础。如果投资方已经对目标企业达成了初步的投资意向，那么其会委托第三方机构对目标企业进行尽职调查。在此之前，目标企业需要理解在尽职调查中关于财务尽职调查的目的和侧重点。

（1）理解财务尽职调查的目的。

财务尽职调查通常涉及投融资、兼并、收购等资本行为。我们以企业的融资为例。如果目标企业想要投资方对自身进行投资，首先需要让投资方看到自身的价值，发现自身的财务风险，从而判断此次投资的可行性。

通常来说，由于看待价值的角度和采用的估值方法的差异，投资者会对目标企业自身出具的估值评估报告存疑。因此，投资者会委托调查机构来做财务尽职调查，这样得到的估值数据能够多方面反映出企业的价值，也更加贴合投资方的需求。

与此同时，财务尽职调查也是发现目标企业存在哪些财务风险的过程。投资是一项风险和收益共存的资本活动。财务尽职调查需要让投资方看到目标企业的风险如何，其风险是否在合理的范围之内，双方能否就企业的财务状况达成共识，等等。此外，交易双方需要注意的投资限制和审批手续等因素并不一致。因此，财务尽职调查也是在帮助交易双方规避信息不对称，以保证投融资、兼并、收购等活动的正常进行。

（2）财务尽职调查的侧重点：企业的财务数据和各类经营价值及风险。

抓住事物的本质和关键，是高效工作的保证，财务尽职调查亦是如此。在财务尽职调查中，目标企业应当留心自身的财务数据和各类经营价值及风险。财务数据可以直接反映企业的经营及发展状况，调查目标企业的财务实力及经营业务是财务尽职调查的最重要的事项。企业的各类经营价值及风险能够最直观地反映出目标企业的真正实力，这也是投资方最为关注的内容。因此，在财务尽职调查之前，目标企业要明晰自身这些方面的情况，并做好整理工作。

目标企业应持有的态度

在面对财务尽职调查时，目标企业的第一个态度是"不卑不亢"。在财务尽职调查工作中，委托方或调查方是主动的一方，往往拥有更大的权利；而作为应对方，目标企业处境则较为被动，但不必亦步亦趋，或太过殷勤。目标企业的工作人员只需要做好自己的分内工作，积极配合调查，把自己企业的优点、缺点、存在的问题及解决方案都拿出来，让对方看到企业最真实的全貌。

目标企业的第二个态度是坦诚。如果因为涉及相关风险或重要信息，目标企业就遮遮掩掩、冷淡接待，反而会拖慢财务尽职调查工作的进度。此外，中国是礼仪之邦，自古以来的待客之道都讲究坦诚、真挚，就算最后投资人没有与企业达成合作，企业坦率的态度也会得到投资人同样真诚的建议，或许会成为改善企业经营状况的关键。

做好充分准备

对于初次接受尽职调查的目标企业而言，财务尽职调查的准备工作是烦琐的。目标企业需要准备详细的资料，对于调查过程中许多细节问题也需要反复确认。为了应对这样的过程，目标企业要做好充分的准备，具体事项如表 5-1 所示。

表 5-1 目标企业需要事先做好的准备事项

序号	事项	说明
1	选定合适的接应人	专业的事情要留给专业的人去做，要找一个真正了解企业财务状况，而不是略知皮毛的人去应对财务尽职调查。接应人要有专业的财务知识，在能够积极配合调查之外，还要有良好的沟通和协作能力
2	充分理解投资者的真实意图	只有对症下药，才会有所疗效。只有真正了解了投资方的真实意图，企业才能提供给财务尽职调查小组所需要的资料。另外，企业也可以试着站在投资方的角度，考虑他们想要看到企业的哪些资料，提前制定好相应的策略，让财务尽职调查工作事半功倍

(续)

序号	事项	说明
3	准备好相关资料和数据	一般而言，调查的资料分为4类：①企业的营业执照、章程，以及财务报表、销售合同等；②投资方出具的资料清单上的其他资料；③企业不确定的资料，有些企业的账目材料可能不是很完备，有些资料一时无法拿出来，因此只能提供一些模糊的数据；④企业存在问题的资料，这类资料企业一般不会主动提供，但就算企业一开始不提供，后期财务尽职调查小组也可能会问到，因此要提早做好准备

目标企业只有充分做好财务尽职调查的准备，才能避免出现临时手忙脚乱的情况，也能减少调查方对目标企业的不利判断。毕竟财务尽职调查人员是委托方指派过来调查的，应避免给其留下不良的印象。

保密协议的签订

在企业的并购、投资活动的尽职调查过程中，并购方或投资方需要了解目标企业的股权、资产、在营业务、企业员工、财务等多方面的信息。为了满足这些要求，目标企业的相关信息和数据需要提供给第三方调查机构，这无疑会伴有大量的企业信息和数据被披露、传输，会有商业机密被泄露的风险。为此，在展开财务尽职调查之前，目标企业要把签订保密协议的要求明确提出来，这不仅关系着目标企业的信息安全，也能防止企业数据和商业机密的泄露。

早在几年前，国内就有因为未签订保密协议而损失惨重的案例。当时，某化工企业在开展"丁辛醇项目"调研时，需要与多家丁辛醇生产技术供应商接触，由于其中2家供应商的方案报价过高，因此该化工企业选择了与第3家供应商合作。但由于缺乏项目经验，其与前2家供应商在项目调研前签署了一份不平等的保密协议。在项目做成之后，该企业被这2家供应商起诉，最终赔款7.49亿元！若在签署保密协议时慎重对待，该企业就可以避免这种情况。由此可见，一份详细、公正的保密协议的重要性。

在双方签订保密协议的时候，目标企业要注意以下几点：保密的期限及具体日期；关于企业商业计划书、财务数据、核心和关键技术的注意事项；企业的知识产权条款。此外，还要在保密协议上注明，如果财务尽职调查之后，交易未顺利达成，那么企业的数据应该如何防止被披露等。

目标企业还要在保密协议中检查和规范保密信息，其中包括：业务计划、产品开发计划、内部业务规划、招投标文件、预算、许可证、价格、成本以及员工信息、供应商信息、经销商信息、客户信息等业务活动信息；营销手段、管理制度与方法、定价方案、销售模式等业务活动方式；费用情况、利润情况、不公开的财务数据等机密财务信息；专有技术、研究成果、工程设计、产品设计图纸等技术信息；等等。目标企业要确保以上这些信息在进行财务尽职调查时或调查结束之后不会被调查方或投资方披露。

在签订保密协议时，要根据《中华人民共和国合同法》的相关规定进行文书的书写，并且保密协议中要有双方的自愿原则、保密的内容和范围、双方的权利和义务、注意事项等。最后，要有双方的公章签字，使之具有法律效力。

熟悉调查时间表

目标企业虽然说处在较为被动的位置，但是也要能够在一定程度上把握主动性。目标企业可以要求调查方提供一个调查时间表，以便目标企业安排工作和对接人。

在调查前期，目标企业的管理层可以向调查方提出直接明确的建议：要求对方提供一个调查时间表。这样，目标企业在调查的中后期就能有自己的管理秩序和节奏安排，从而更好地配合财务尽职调查工作，节省双方的时间。

财务尽职调查的准备工作，并不是简单地走过场。只有在前期做好充足的准备，才不至于使企业处于过于被动的境地。在财务尽职调查的过程中，目标企业要积极配合和协调调查方的工作，对此足够重视。总之，只有"兵马未动，粮草先行"，方能"兵来将挡，水来土掩"。

5.2 目标企业需要事先准备哪些资料

根据上一节所述，目标企业需要事先准备相关材料，以便应对调查。一般而言，财务尽职调查涉及的企业资料包括：企业的基本信息、商业计划书、历史沿革资料、资产情况、财务资料、员工信息、主营业务情况、重大合同及债权债务、诉讼及仲裁情况等。接下来，我们将对其进行简要介绍。

企业的基本信息

企业的基本信息十分重要。它可以帮助财务尽职调查人员在最短时间内掌握企业的基本情况，使其对企业的经营范围、部门划分、核心产品等基本信息做到心中有数。具体而言，企业的基本信息需要包含以下方面：目标企业的母企业、子企业、分企业等关联企业的股权架构；目标企业及关联企业的营业执照；目标企业及关联企业的主营业务、产品或服务及目前运营情况的说明。

此外，企业的基本信息还包括：目标企业及关联企业的高管人员、核心团队人员的简历及清单；目标企业、关联企业及实际控制人、股东、法定代表人的征信报告等。通过以上这些基本信息，财务尽职调查人员就可以大致了解到目标企业的背景和规模。

商业计划书

商业计划书一般是由创始人主导编写,主要是对企业未来发展计划进行叙述的书面材料。通过商业计划书,财务尽职调查人员和投资人可以大致了解企业创始人的商业意图及商业计划实行成功的可能性。因此,商业计划书需要做到尽量详细和精确。此外,创始人本身需要对企业的各年度、季度的财务数据了如指掌,做到心中有数;并且,企业团队需要对企业的重要信息做财务上的分析,了解其中的关键信息,使商业计划书中预想的商业模式得到佐证,从而让商业计划书更具说服力。

历史沿革资料

一般来说,企业的历史沿革资料包括以下信息:企业从成立之初到财务尽职调查截止日的工商底档资料;各项董事会或股东会决议、协议资料;企业成立以来的实收资本明细、验资报告及实收资本变更的原始单据(银行进账单、记账凭证等)、股权变更协议等。这些资料反映的是企业整体的发展历程和重大节点事件。

企业历史沿革资料要说明清楚两个方面的信息,即股权融资和股权转让。股权融资指的是企业的股东出让部分企业所有权,通过企业增资引进新的股东,总股本同时增加的融资方式。股权融资又分为货币出资和非货币出资。前者必须要确保出资来源合理、合法,避免出资不实的问题;后者则要关注是否及时办理财产转移以及伴随的职务发明等问题。

资产情况

一个企业资产质量的好坏代表着其是否存在变现能力受限,是综合反映各项资产实际获利能力和变现能力的重要指标。企业资产情况主要体现在两个方面,即固定资产以及非固定资产。具体而言,企业资产包括企业的土地使用权情况、房屋建筑物情况、运输设备（产权证及行驶证）、商标及专利权（相关证书）等方面。企业资产足够强大、可靠，会给投资者带来抵御风险的信心，让他们更放心地将资金注入企业中。

财务资料

在财务尽职调查中，财务资料是最受调查人员重视的资料。通常情况下，财务尽职调查机构会给企业出具所需资料的清单，企业按照上面的要求进行资料准备即可。财务尽职调查机构需要企业提供的财务资料主要有3个方面，具体如表5-2所示。

表5-2 目标企业需要提供的3类企业财务资料

序号	项目	说明
1	盈利预测类资料	盈利预测类资料主要包括企业预算、预测财务报表以及这些预测相关的数据来源、预测过程、合同原件、合同清单等。这些资料主要是为了帮助财务尽职调查人员了解企业未来的发展趋势及其对市场的敏锐程度和把控能力。毕竟如果连基本的盈利预测都做不好，企业的未来价值就会大打折扣
2	企业财务报表	相比起盈利预测类资料，企业的财务报表资料就要系统得多。其主要包括合并或单体审计报告、会计师审计调整分录和收入成本审计底稿、企业及分（子）企业单体财务报表、合并财务报表以及合并工作底稿、企业及分（子）企业到最末级别的科目余额表、企业及分（子）企业序时账等。财务报表往往是财务部门重点保存的资料且都采用统一模板，只要企业平时的财务工作足够专业，收集起来并不会特别困难
3	企业合同	企业合同包括企业及分（子）企业的主要销售、采购、借款、对外抵押和担保类的合同，企业及分（子）企业所有借款合同，对外抵押和担保及反担保或互保合同统计表，等等。这是衡量企业业绩和经营水平的重要支撑性文件

员工情况

企业发展的根本保障是员工的数量和质量。员工的能力和工作态度决定了企业能否实现新突破和新发展。如果一家企业连人才团队建设都不能做好，那其发展前景必会受到很大限制。因此，企业员工的情况也是财务尽职调查的重点。

进行财务尽职调查时，企业需要提供以下关于员工情况的资料：企业的员工花名册、工资表；高管及核心团队的劳动合同；社保及公积金缴纳情况；管理层股权激励计划及实施情况；等等。通过这些资料，财务尽职调查人员可以了解到目标企业在发展的过程中是否做到了尽全力招揽人才，是否可以让人才发挥其才能，以及最关键的核心技术团队是否具有突破瓶颈的可能性。这些都是影响投资者做出决策的关键因素，因为没有一个投资者会喜欢一个一直在原地踏步、长久没有新鲜血液注入的企业。

主营业务情况

企业的利润主要来自于各项主营业务，主营业务反映了企业所处的行业及企业本身的特点。试想一下，如果一家企业连主营业务的业绩都不能保证，那它还能拿什么来实现盈利呢？因此，财务尽职调查人员会重点关注目标企业主营业务的指标和数据，如主要产品的销售情况表、前十大供应商名单及采购额、前十大客户名单及销售额、主要竞争对手的情况，以及目标企业的产品技术优势等信息，以了解企业主营业务是否在行业中占据一席之地。企业需要提前准备好这些方面的信息和资料。

重大合同及债权债务

合同是企业从事经营活动、开展业务的重要协议，是企业盈利的主要标志之一。合同的数量、规模和时间可以充分反映企业的盈利情况，以及与行业内合作对象之间的关系是否稳固，这是判断企业是否健康发展的重要依据。而财务尽职调查人员也能够从企业的债权债务中分析出企业财务情况中潜藏的风险信息，评估企业财务状况是否健康。企业重大合同以及债权债务主要包含目标企业及关联企业的借款合同、担保合同等信息。企业需要提前准备好这些方面的资料，以备调查人员查看。

诉讼及仲裁情况

在财务尽职调查过程中，查看企业的诉讼、仲裁等信息主要是为了了解是否做到合法经营、是否存在暗箱操作、是否触碰灰色地带等情况。同时，如果企业牵涉的诉讼、仲裁等情况较多，可能也代表着企业存在不稳定的因素，随时会面临继续被诉讼或者仲裁的风险。这部分资料主要包括企业所有涉及诉讼或仲裁的书面通知，企业应该如实提供。

第6章 目标企业：过程应对篇

6.1 目标企业应如何接洽调查人员

面对财务尽职调查人员的来访，企业经营者如果直接走上去迎接，然后"直奔主题"，未免显得过于唐突。如何得体地做好财务尽职调查人员的接洽工作，也是考量企业经营者能力的事情。财务尽职调查的接洽事宜主要包括现场接待和财务尽职调查过程中的问题及应对事项。在本节中，我们将对此进行阐述。

现场接待的问题及应对事项

首先，在理解现场接待工作前，我们需要正确认识财务尽职调查的本质。财务尽职调查的本质是解决投融资、兼并、收购行为中，交易双方信息的不对等问题。譬如，企业是否有良好的财务状况作为经营支撑等。财务尽职调查的结果会直接影响到投资方或收购方对目标企业的整体判断及最终决定。因此，作为经营者，千万不能把什么信息都掩藏起来。相反地，在调查人员来访时，要组织企业的相关员工积极配合，绝不能以虚假数据糊弄调查人员。

其次，当财务调查人员问及企业的资料时，我们要将事先准备好的资料呈递给他们。具体的资料种类我们在第5章已经有详细的阐述，不再赘述。假如企业没有准备财务调查人员问及的资料,或者企业本身就没有这方面的信息,此时,接待人员也不能慌张,更不能眼神闪躲,而是要和调查者沟通其具体意图,并坦言企业的实际情况与其预想的差距,然后再根据结果灵活地采取行动。

再次,在正式见到尽职调查人员时,目标企业的接待人要提前做好现场的准备工作。财务尽职调查的现场工作并不适合集体讨论。试想一下,当调查人员提问时,大家七嘴八舌地回答不仅不利于提高交谈效率,也会让调查人员对目标企业的管理方式产生负面印象。因此,通常在一间独立的办公室内,由1~2位指定的接待人负责对接。当调查人员准备自己开始调查或分析时,接待人员要退场,避免全程在场;若不放心,可以每隔一段时间(约2小时)进去关心一下进展即可。总体上来说,接待人员需要谈吐得体,不卑不亢,处处要体现出企业的正面形象,并在会议期间及时提供所需资料,会后及时记录相关意见和结果。现场接待的工作流程如图6-1所示。

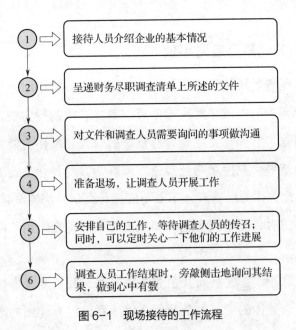

图6-1 现场接待的工作流程

最后，若在实地调查快结束时，财务尽职调查人员向企业追加索要部分文件资料，这时接待人员需要做好记录，整理出相关资料。需要注意的是，不要让提供的资料与之前的资料有明显的出入或自相矛盾之处即可。

财务尽职调查过程中可能遇到的问题及应对方案

并非每一项财务尽职调查工作都能顺风顺水。在调查的过程中，可能会出现各种问题。如何应对突如其来的问题，十分考验企业的应对能力。一般而言，在财务尽职调查的过程中，最容易出现3类问题，如表6-1所示。

表6-1 财务尽职调查过程中最容易出现的3类问题

序号	问题
1	商业计划书上的财务信息有遗漏或模糊不清
2	资料准备过程中出现错误
3	财务尽职调查现场无组织、混乱

那么，目标企业应该如何组织人员应对这些问题呢？我们分别进行阐述说明。

（1）商业计划书上的财务信息有遗漏或模糊不清。

针对这个问题，在起草商业计划书时，尤其是在财务信息上，难免会有不科学之处。这时，可以通过财务重整来解决这个问题。接待人员也需要在过程中对关键数据进行深入理解，并协同企业团队进行专业的财务分析，让商业计划书变得更加专业，数据更加合理。具体而言，可以从以下两个方面来做：

①如果商业计划书没有账目或账目太乱，则进行财务重整。譬如，重新梳理或重做一遍财务报表等。

②接待人员需要对更新后的企业账务信息进行记忆和理解。譬如，理解近3年内的营收、成本、利润等，这些信息可以帮助接待人员在面对财务尽职调查人员的询问时，对企业的商业模式验证、盈亏平衡点分析以及现金流量运行情况能够进行全面、翔实的阐述。

（2）资料准备过程中出现错误。

在资料准备过程中，最常见的错误有：没有检查各个报表数据之间的逻辑和勾稽关系，收入确认错误，成本计算不准，等等。这些问题很好解决，企业具体需要做到以下3点：

①准备资料的事宜要指定专人负责，包括与调查机构、投资方的对接，查找和整理相关资料，同时也要留足时间。此外，不要指定多人负责，确定一位领导人负责，实现效率最大化。

②检查财务报表信息与销售、采购、运营成本等多方面的逻辑关系，由专门人员负责检查财务报表之间的勾稽关系是否正常。

③对资料的真实性提前进行审核。确认重大的会计处理方法是否合理，如果不合理必须要先进行账务调整，从而保证不会因为找不到资料或者资料有误而中断财务尽职调查。

（3）财务尽职调查现场无组织、混乱。

在财务尽职调查的现场工作中，小到会场布置，大到指定人员接洽，都需要所有部门随时准备好，全企业上下一起努力，将需要的所有物品都准备好，并且预留出检查和纠正的时间。

财务尽职调查的现场接洽工作考验的是企业的服务水平，体现的是企业管理的细节。企业做好了现场接洽的工作，能够为自身在财务尽职调查人员中的形象提升一个台阶。

6.2 访谈时应该注意哪些细节

不论对于调查人员,还是被调查的企业而言,财务尽职调查的访谈都是一项细致烦琐的工作。访谈过程中的每一个细节都可能会影响到财务尽职调查人员做出判断,可谓是"细节决定成败"。接下来,本节将对访谈时常见的细节问题进行介绍,希望可以帮助目标企业的经营者规避掉访谈的陷阱。

受访者要言行一致

在访谈时,财务尽职调查人员一般会先查看目标企业的商业计划书、企业既往的宣传资料、各类新闻稿等。这时候,他们会开始核对这些宣传是否符合现实情况,但不会这样直接质问受访者:"你们写的这些是真的吗?"通常而言,他们会询问企业工作现场环境以及侧面的反馈信息。此时,受访者的回答需要和事实相符,不要想着去隐瞒某些关键信息或者夸大某些事实。

我们可以举一个简单的例子。如果说在企业管理制度条例中有这样的描述:"设备标签应粘贴在设备醒目且不易磨损的外壳之处,并应该方便查看;若条件允许,最好粘贴在设备的右侧或者右上方。"但是,在实际的操作过程中并没有按照这样的步骤做。究其原因,无非是这份管理制度并非企业根据自身的实际情况编写的,而是简单地从某处复制、粘贴的模板,这无异于向调查人员显示了企业制度不够清晰到位的情况。针对这一点,最好的解决办法是:提前检查并修改企业的管理制度条例;或者在被问到这个问题的时候,大方地承认成文规定与实际操作有出入的情况,并做出合理的解释。

言行一致是企业坦诚态度的体现,这不仅能提高财务尽职调查人员的工作效率，也能够使其对企业真实的判断更加准确。

要做专业的沟通

针对中小企业的财务尽职调查，通常持续的时间较短。若中小企业的经营者想要通过好的财务尽职调查结果为企业争取到新的融资，则需要提前对企业的所有事项都了如指掌，特别是一些专业的知识和流程。

许多经营者存在一个传统认知误区，即认为经营者只需要像一个"掌舵人"一样掌握好企业的大局即可，至于细节的财务问题和实际操作流程、数据无须过多了解。这样的认知会导致经营者在面对企业某些专业知识或流程时，无法有效地监督和执行。经营者要能够与企业所有部门进行专业的沟通，这样才能看清楚企业整体的发展轨迹，同时也能够从容地应对财务尽职调查人员的问题。

其实，不仅仅是企业的经营者，企业其他职位的人员也要能够回答财务尽职调查人员提出的专业性问题。若调查人员提出的问题超出了自己的知识范围，则可以向调查人员做合理的解释，并让企业其他专门人员进行解答。

6.3 在财务尽职调查期间，如何做好企业管理

在财务尽职调查工作开展的过程中，企业应该如何做好管理工作呢？对于这个问题，我们可以从调查人员的招待与氛围管理、员工管理和生产管理3个方面进行回答。

调查人员的招待与氛围管理

在财务尽职调查人员进入企业前，要提前准备好相关的资料、会议室和茶水；他们来到公司时，指定好的接待人员就要迅速就位，引导调查人

员进入实地调查的流程。整个过程的节奏要张弛有度，用平常心积极配合相关工作就好，避免过于懒散，也不用太过"正颜厉色"。在接待人员与财务尽职调查人员进行谈话的过程中，管理者要做好企业的氛围管理，定时视察企业环境，不要让企业的办公环境出现脏乱、嘈杂的情况；同时，也要保证环境的清爽与和谐，不要太过压抑。

员工管理

在员工管理方面，业务管理和考勤管理最好与平常保持一致，不要刻意进行变更。业务水平的高低在提供的资料上已有显示，突然拔高或降低业绩目标会让调查人员觉得欲盖弥彰，反而容易影响最终的调查结果。

突然不同寻常的考勤管理和业务要求不仅会让员工不适应，而且还会降低员工的工作效率。财务尽职调查人员通过观察员工状态，也能够判断一个企业的日常管理效率。如果调查人员观察到企业员工无所事事，或是在装模作样地工作，那么，要么是企业盈利情况不容乐观，要么是企业日常管理有问题。总体来说，员工的精神面貌和工作状态也是对于企业经营是否良好的重要体现。在财务尽职调查期间，管理者要做好员工管理的工作。

生产管理

在财务尽职调查期间，生产流程及仓库货物的管理也不容忽视。企业的产品生产、仓储体系是制造型企业产生收入的根基，其管理质量也是财务尽职调查时的关注点。实际操作流程管理和库房管理是体现企业销售水平的重要指标。

如果一家企业的业务良好，那么仓库和生产流水线应该是很忙碌的；反之，如果仓库积满货物却不见货物流通，或仓库十分空旷，操作车间员工也十分懒散,那么财务尽职调查人员肯定会对企业财务报表上的信息产生疑虑。因此,企业需要做好生产管理,让生产流程和仓库有条不紊地进行生产、产品流通的工作。此外,为了让企业库房等地更加正规,可以让员工提前对货物进行整理,让场地看起来更加整洁、有序。

做好这些方面的接待与管理工作,在财务尽职调查人员的心中,对目标企业的印象分可以从60分提高到80分。而不论调查的结果如何,企业也都能做到问心无愧。

第 7 章　目标企业：重点执行篇

7.1　在收入情况方面，目标企业要如何做好

收入是企业获得利润、维持运行、加速资金周转的保证。在财务尽职调查中，对目标企业收入的调查是其工作的重点。如果目标企业的收入与实际的经营不匹配，那么就很容易受到调查人员的怀疑，从而增加麻烦和误解。在本节中，我们将解答目标企业应该如何确定企业真实收入、规范收入核算等问题，并延展阐述如何确认电商企业收入的问题。

什么是企业收入

目标企业要规范收入数据，首先需要了解什么是企业收入。根据《企业会计准则第 14 号——收入准则》的规定，收入是指企业在日常活动中形成的、会导致所有者权益增加的、与所有者投入资本无关的经济利益的总流入。当企业与客户之间的合同同时满足下列条件时，企业应当在客户取得相关商品控制权时确认收入：

①合同各方已批准该合同并承诺将履行各自义务。

②该合同明确了合同各方与所转让商品或提供劳务（以下简称"转让商品"）相关的权利和义务。

③该合同有明确的与所转让商品相关的支付条款。

④该合同具有商业实质,即履行该合同将改变企业未来现金流量的风险、时间分布或金额。

⑤企业因向客户转让商品而有权取得的对价很可能收回。

企业做好收入核算,要从收入的存在与发生、分类、完整性、准确性、收入的截止区间等方面进行。而核算企业收入也有两个标准,如图7-1所示。

图 7-1 核算企业收入的两个标准

那么,企业的收入又有哪些来源呢?根据《中华人民共和国企业所得税法》规定,企业以货币形式和非货币形式从各种来源取得的收入为收入总额,具体包括9类:销售货物收入;提供劳务收入;转让财产收入;股息、红利等权益性投资收益;利息收入;租金收入;特许权使用费收入;接受捐赠收入;其他收入。其中,企业的实际收入主要来源于销售货物的收入和提供劳务的收入。

收入调查是财务尽职调查的重点

企业收入是企业盈利的根基,关乎一个企业的生存和发展。企业收入的多寡能够反映企业的规模、盈利能力和存续能力。同时,企业收入也是在财务尽职调查中核查最基础、审查最严格的地方。故而,目标企业在财务尽职调查的过程中,要格外注重企业收入财务报表的规范性,以免出现疏漏而被财务尽职调查人员抓住把柄。

因为收入问题而被稽查的企业案例近年来层出不穷，IPO 企业的收入假造尤为严重。2012 年，某建筑公司因在建工程虚增 8 000 多万元，受到有关部门的稽查；2020 年，某复合材料公司被曝出财务收入造假，不久后被强制退市。这些案例告诉我们，如果不厘清企业的真实收入，而凭空捏造收入数据，甚至进行收入造假，将给企业自身带来不良影响，在财务尽职调查的过程中也会被揪出来，使企业蒙受损失。

对企业收入的财务尽职调查，通常有一定的流程和方法。财务尽职调查人员会要求企业相关部门（尤其是财务部门）提供相关收入数据，如银行存款、各类发票、企业账簿等，并对相关人员进行询问，对企业整体的收入情况做一个初步了解。财务尽职调查人员进行收入调查的方面如表 7-1 所示。

表 7-1 财务尽职调查人员进行收入调查的方面

步骤	说明
1	询问会计人员、相关业务人员，查阅企业销售商品或提供劳务的合同等，了解企业各类业务收入的具体确认方法
2	询问会计人员，查阅银行存款、应收账款、收入等相关账簿，查阅企业销售商品的合同、发出商品的凭证、收款凭证、发票及增值税凭证、销售退回凭证等，了解企业的收入，确认会计政策是否符合会计准则的相关规定，核查企业是否虚计收入、是否存在提前或延迟确认收入的情况
3	了解企业收入构成，分析企业产品的价格、销量等影响因素的变动情况，判断收入是否存在异常变动或重大变动，并调查原因
4	了解企业销售模式，分析其对收入确认的影响及是否存在异常

通常情况下，财务尽职调查的收入调查，主要通过调查人员查阅目标企业的业务资料、财务资料和其他相关文件等来进行。表 7-2 是财务尽职调查人员在进行收入调查时会查阅的资料。

表7-2 财务尽职调查人员在进行收入调查时会查阅的资料

项目	说明
业务资料	各类销售和采购台账；管理层用于经营分析的内部报表及对运营情况的分析文件；企业产品结构，各个项目、各区域的实际收入分析表；大客户的收入流水单，包括连锁零售品牌企业需要额外提供收银系统的数据；后台系统数据，包括线上销售统计表，分地区/品类/月份订单总数量、总金额；分地区注册用户/会员数量、活跃用户数据（数量、金额）、复购率、客单价等；线上分月GMV数据明细；订单明细（含订单日期、订单编号、商品名、数量、金额、付款方式等）；企业佣金/平台使用费计提比例（按品类）；各类出库单、货物运输单、收货确认单、验收单、收款凭证、税收发票等；其他业务资料
财务资料	企业的审计报告及未经审计的财务报告；企业各类财务数据、资产负债表、利润表、现金流量表、收入成本明细表、固定资产明细表、存货收发存明细表、期间费用明细表、制造费用明细表、生产成本报表、债权债务明细表等月度报表的银行对账单；往来余额明细；详细的财务预算；其他财务资料等
其他相关文件	企业与其核心职员的股权、首付款相关文件资料和数据信息；企业近两年一期的所得税汇算清缴申报表和各类税种申报情况；各类适用于企业的税收优惠或财政补贴待遇的法规或政策；其他相关文件

以上就是调查机构在收入方面会对目标企业进行调查的主要事项。为了使调查环节顺利进行，目标企业要安排好专门人员整理好表7-2中涉及的信息，使财务尽职调查人员在询问相关收入的资料和问题时，能够从容应对。

确定企业的真实收入

在企业的实际运作中，可能因为各种原因，账面收入和真实收入有一定的差异。既然财务尽职调查会重点核查企业的收入情况，那么企业应该如何确定自身的真实收入呢？主要有以下两种方法。

其一，如果企业本身对自己的真实收入不甚了解，就要组织财务进行内外账合并（简称并账）。

内外账合并的目的是能够掌握企业真实的收入情况，以降低尽职调查的风险评估。并账是企业层级的战略决策，需要通过企业高层的批准才能实施。在并账时，要与企业自身的实际情况结合执行，具体问题具体分析，将财务收入中的关键数据厘清。企业并账准备主要有7个步骤，如图7-2所示。

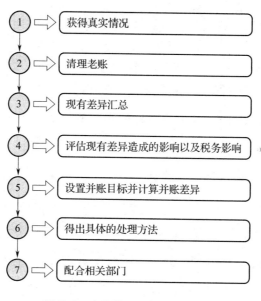

图7-2　企业并账准备的7个步骤

在前期准备时，我们要了解并账的成本、时间、风险，并账的步骤、策略，获得信息系统、企业业务部门及高层的支持。两账合一的期初数据主要针对的是资产负债表，要提前进行资产清核。并账之前，在某一个资产负债表日，经过调整之后，资产、负债、所有者权益都是恰当的。

企业选择一个时点，对自身进行清产核资。根据清产核资的结果，直接调整内账，差异倒挤到"未分配利润"的部分，以确保清产核资日之后内外账不再发生新的差异。

其二，在一些特殊的情况下，企业为了协调税负问题，会对一部分收入做调整，用以支付部分不合规的成本费用，导致企业账外收入严重低于实际收入。在政策上,通常政府会主导召开"多方通气会"进行协调解决。这种解决方式只适用于特殊的情况。

真实收入能够让目标企业在被调查时,避免被调查机构误判。那么,又应该如何规范真实收入的核算呢?

收入核算会遇到的 3 个问题及解决方案

企业的收入核算是一个烦琐的过程,并且可能会因各类原因"踩到红线"。在收入核算的过程中,企业可能会遇到以下 3 种情况。

①企业收入确认违反《企业会计准则》的权责发生制,如以收款或开具发票为依据确认收入。

②对符合收入确认条件的业务随意延迟、跨期或提前确认,需要进行损益调节。

③收入会计政策的运用不符合企业实际的业务情况,如提供劳务服务或咨询服务的行业,没有分期确认收入,而是一次性确认收入等。

针对这些在收入核算过程中出现的问题,我们可以通过下面的 3 种方法进行解决,如表 7-3 所示。

表 7-3　应对收入核算问题的 3 种方法

序号	方法
1	对于违反权责发生制依据确认收入的,应当核实每笔业务是否符合收入确认的条件,逐步进行会计差错调整
2	对于随意调整确认收入条件的,应逐步核实并进行会计差错调整,或者补充相关的证明条件,如对应的合同等
3	对于收入确认会计政策与企业实际业务不相符的,应重新选用会计政策,进行会计调整,甚至重新整理账套

核算电商企业收入的方法

我国电商市场方兴未艾,针对电商企业的IPO和并购活动也层出不穷。但是,很多电商企业对于规范自身的企业收入缺乏足够认识,因此在财务尽职调查的过程中问题频出。对此,我们可以从电商企业的经营流程入手,阐述电商企业应该如何正确核算自身的收入。

电商是基于互联网形成的新型经营模式,其类别主要有B2B(商对客)、B2C(商对客)、C2B(客对商)、C2C(客对客)、O2O(线上到线下)等。由于其经营形式的特殊性,对于真实收入的确定需要从其经营流程上来把控确定。在这个过程中,我们要明晰两个线上销售概念,即销售订单流程和销售出库流程,如图7-3和图7-4所示。

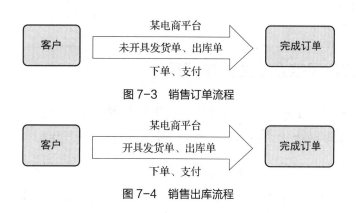

图7-3 销售订单流程

图7-4 销售出库流程

销售订单可以理解为:一位客户在某电商平台的线上商城选择商品、下单并完成支付,实际上算是完成了一个销售订单。这时候,会计可以不进行账务处理,因为这些线上商城可以被视为企业的销售人员,"他"在外面接了单,但什么都还没有上缴给财务部门。

销售出库可以理解为:企业的线上销售部门根据客户需求,在安排发货的同时,开具发货单,并通过物流公司发货给客户,开具出库单。在客户网上确认收到商品之后,这时会计就可以暂估收入或者转入发出商品。

显而易见，销售出库的流程会带来实际收入流水，以增加电商企业的真实收入。对于电商企业而言，确认其真实收入，方法主要有以下两种。

①与电商平台的数据进行确认，符合情况则为真实收入。

②可以将线上电商平台视为一个"销售人员"或"客户"。"他"的任何返点和其他费用均是销售费用，"他"的收入确认根据与电商平台签订的合同约定为准。至于什么时候收钱，也是一个追收应收账款的问题。

做好企业的收入核算，是目标企业应对财务尽职调查的必要事项。假如一家即将进行IPO的企业收入结构混乱、营收流水不明，那么财务尽职调查人员肯定会对其业务发展情况产生怀疑，从而影响企业的风险评估和未来估值。因此，在应对财务尽职调查时，目标企业需要格外重视规范企业收入的问题。

7.2 如何规范企业的成本费用

成本费用在企业经营中涉及广泛，因而极易产生企业资源的浪费和流失。如果企业的成本费用监管不到位，还易造成徇私、违规等危害企业良性发展的情况。因此，规范企业成本费用势在必行，它可以有效地提高企业的经济效益和资金周转率，并预防企业财务风险的发生。在本节中，我们将阐述如何确定企业的成本费用、成本费用不规范的表现、规范企业成本费用的方法等问题，使企业的成本合乎规范，消除其在财务尽职调查中的负面影响。

确定企业的成本费用

要想规范企业的成本费用，首先必须了解什么是企业成本，解构企业的各项成本都由哪些部分组成。

企业成本是企业日常生产和管理活动所需要投入资源的统称。它主要由材料成本、生产成本、管理成本、销售成本、财务成本构成，如表7-4所示。

表7-4 企业成本的具体构成及说明

序号	项目	说明
1	材料成本	企业采购用于生产、经营、维护所需材料的费用
2	生产成本	产品在生产过程中所需各项费用的统称。它主要由研发、生产及设备的折旧、修理、维护费用以及水电费、租赁、保险、排污及其他因生产而产生的费用组成
3	管理成本	主要为人力资源成本支出，包含管理人员的薪资、福利、保险、办公费用等各项开支
4	销售成本	由销售人员工资、广告、展览、包装、运输及保管等费用构成
5	财务成本	利息支出（减利息收入后）、汇兑损失（减汇兑收益后）、手续费及企业发生的现金折扣等

在企业生产中，产品成本越低，工业总产值越高，产值成本率就越小，企业的经济效益就越好。这种产品成本和利润的关系也体现在销售上，销售的成本越低，则相同销量下利润就越高，其产生的经济效益就越好。

由此可见，规范企业成本，可以有效地降低经营的损耗，能够为企业扩大生产规模和提高产值提供前提条件，从而有利于促进企业的生产管理，提高经济效益。但是，有时我们会发现企业存在生产成本费用增高、虚高或与实际生产成本不符等情况。这些问题主要是由企业成本费用不规范所致。接下来，我们将重点介绍企业成本费用不规范的表现以及如何规范企业的成本费用。

成本费用不规范的表现及规范方法

企业的成本费用不规范主要体现在7个方面，如表7-5所示。

表 7-5　企业成本费用不规范的 7 个方面

序号	说明
1	将法律明令禁止的各项支出纳入企业的成本费用中，使企业受到处罚，从而蒙受经济和信誉损失；或违反《企业会计准则》，如以收款或开具发票为依据确认收入
2	企业的各项费用支出成本归集范围不清晰，从而导致了成本核算失真；或隐瞒部分收入，用以支付部分不合规的成本费用
3	成本支出未进行合理分配，在产品核算上不准确，或造成预算外非必要项的开支；未得到有效审批，或越权审批，造成重大差错、舞弊、徇私、欺诈，从而导致损失
4	企业在生产过程中，因管理不善造成的生产成本浪费和资源流失
5	市场及外部环境发生重大改变，而企业的各项成本支出并未随之发生改变和调整，从而导致资源闲置和浪费，或者未能在新项目中及时批复费用，造成项目流产、滞后，带来各项损失
6	企业的决策层过度干涉财务人员的工作，致使财务工作和决策错误
7	抽逃出资和关联方占用企业的资源、资产、资金，譬如无偿借用企业的各项资源、资产和资金，或虚构债权，或虚假投资，从而达到转移、挪用、侵占企业资产的目的

规范企业生产成本费用要从规范制度和流程上着手，用制度来进行刚性约束。具体而言，有以下 6 个方法。

①企业要对各类成本费用进行合理、精细、有规划的预算，使资金利用率达到最大化，并加强对期间费用截止日期的控制，此外要制定预算反馈报告制度，在预算目标、执行情况、产生的差异及原因等方面予以定量和分析，从而进一步提升预算制定的合理性、有效性，也可以及时发现问题并解决。

②企业需制定严格的审批制度及权限，提升企业会计核算原则和制度。在加强内控的前提下辅之以外控，外聘会计师事务所进行查账审计。

③提高企业财务人员的业务水平，使各项费用的归纳、核对、报销、审计真实有效，并能在财务报表中得出清楚、具有前瞻性和预判性的结论，

为企业决策层提供有效信息。

④划清各项费用之间的界限,使成本归集与分配清晰明了。在划清各项费用时,应遵循和符合国家财务制度,与客观经济事实相一致;并且,核算成本用费时,应以实际为标准,需前后一致。

⑤企业要明确各项费用的支出范围和标准,并以此为标准,督促相关员工严格执行;采用单项预算的方法,监督各部门费用的使用、支出情况,一旦发现问题及时加以调控。

⑥企业应制定合理、高效的人员薪资构成方式,在提高员工工作积极性和热情的同时,提升人工费用支出成本的效率。设定绩效考核、物资消耗、产出比等项的监管和考核,规避一些隐性成本的支出,避免浪费,并加强对固定资产、应收账款、存货价值等项目的控制,从而有效地降低企业的成本费用。

企业在规范成本费用时,要重视细节的落实,使各项费用的经管、使用、报销、核对、审计有章可循、有据可查,将责任落实到企业中的个人。这样才能保障相关制度的执行,从而防止企业成本的虚高或不匹配,使企业的成本费用做到规范化。

7.3 如何才能不让税收问题成为小辫子

在经营的过程中,企业为了降低税负带来的压力,有时会产生非理性的短视行为,往往在做税收筹划时,会夹带逃税、漏税等违法行为。这样的做法虽然在短期内可以为企业带来超额盈余,但是从长期来看则属于自毁行为。

此外,也有相当一部分企业由于税收缴纳不规范、信息不对称、未及时掌握税收政策的变化、聘用的记账审计单位未能有效记纳和核对企业营收,从而造成企业的税收问题。以上这些税收相关问题对企业的困扰很大。本节将重点介绍企业的税收包含哪些方面、企业的税收独立问题、企业税收问题遭受质疑的表现、规范企业税收的方法,从而帮助企业不因税收问题而在财务尽职调查中被揪住"小辫子"。

企业的税收种类

企业的税收通常包括增值税、企业所得税、印花税、个人所得税。除此之外,还包括土地使用税、城市维护建设税、教育费附加等税收。由于经营的范围和品种不同,有些企业还需交纳消费税、资源税、烟叶税等。

税收缴纳的额度也有一定的标准。通常,税收缴纳额的指标主要由以下方面构成:企业主营业务收入变动率,单位生产时原材料耗损率,主营业务成本、费用、利润、变动率,以及资产利润和增值税、所得税等分税种评估分析指标等。

那么,以上这些税种具体的税收标准是多少呢?一般纳税人货物和劳务税率13%、服务类税率6%来缴纳增值税,小规模纳税人税率3%来缴纳增值税;印花税第一年按"实收资本"与"资本公积"之和的0.05%进行缴纳,之后按年度增加部分缴纳;土地使用税每平方米的单价各地规定不一,但均按实际占用土地面积进行缴纳;企业所得税按应纳税所得额来缴纳。

《企业所得税法实施细则》规定,企业所得税包括的范围有销售货物所得、提供劳务所得、转让财产所得、股息红利所得、利息所得、租金所得、特许权使用费所得、接受捐赠所得等。目前,企业所得税的税率为25%。

了解了企业主要的税收种类之后,我们来谈一谈企业税收遭受质疑都有哪些表现。

企业税收遭受质疑的表现

国家对企业税收的监管有严格的体系。国家税收部门可以通过横向、纵向的数据规律和数据指标逻辑关系的分析，借助纳税评估指标，利用大数据对比，来检验企业纳税数据的真实性、准确性。当企业的经营财务数据出现异常波动或不达标时，则会受到国家税收部门的质疑，进而通过函告、约谈和实地调查等方法进行核实。那么，企业税收遭受质疑的具体原因是什么呢？

企业在税收上遭受质疑，通常是由财务制度及执行不规范所造成的。在表现形式上，其一般存在以下问题：纳税规范性问题，收入核算规范性问题，销售流程与收入确认规范性问题，成本费用的归集不清、分配不明、结转不实问题，企业资金发生被侵占、挪用的问题，等等。此外，一家企业的财务如果没有做到独立，那么其税收也极易遭受质疑。

譬如，企业本年度的业务成本变动率相较上一年度突然增高，而同类型企业的此项成本费用并没有明显波动。当今年的数据与上一年的数据相比出现较大反差时，就有可能存在多计成本的问题，这种情况如果不能在报税之前及时发现并处理，则很可能会受到税收部门的质疑。特别是"金税四期"上线之后，企业的各项不规范行为极易被监测到。由此可见，只有规范企业税收，才能避免被有关部门抓住"小辫子"。既然如此，都有哪些方法可以规范企业的税收呢？

规范企业税收的方法

首先，企业要提升对税收风险的认知，从思想上根除对于税务工作的轻视和忽略，要给予会计或财务人员独立决断、审定、工作的权力。必要时，可借助外聘审计单位对本企业财务工作给予监督和审查，纠正企业内部的不规范。

其次，企业的财务人员要明确权责，避免权责不匹配的事件发生。对于每笔业务是否符合收入确认的条件，企业的财务人员都要一笔一笔地进行审计及会计差错调整；对于发票、票据、款项的管理，企业的财务人员要本着实事求是的原则，联合企业相关管理者完善审查制度；对缺少相关证明条件，如合同等，要督促企业及时补充。

再者，企业最好能建立统一的税收数据管理平台，用智能录入代替人工手动记录，降低出错率，从而实现数据采集的完整化和全面化。平台还可以与其他信息系统对接，从而获得及时有效、真实完整的涉税信息，根据掌握的税收变动和优惠政策信息及时调整企业的财务工作，从而保障企业的利益。

最后，企业还要规范其他业务行为，确保这些行为不会对企业的税收造成影响。譬如，企业要规范经营行为、梳理业务流程、规范成本核算等。

在这些规范企业税收的方法中，有一点尤为重要，即企业的财务独立。只有财务独立才能确保企业税收独立。下面我们将对企业的税收独立具体展开论述。

税收独立

在处理企业的税收问题时，企业应设置独立的会计或财务部门，为企业处理税报，而不是委托记账企业进行税报处理。因为记账企业不是为一家企业服务，只会对企业传送、呈递的数据和票据进行记账入册，很难完全准确地记纳、核对、审计企业的营收与支出数据，这极易造成企业收入或支出登记不全，从而造成企业税收少缴或多缴。

企业应该保证财务会计的独立性。在企业财务人员工作时，不应过多干涉。当财务工作被管理层左右时，很难保证企业税收缴纳的准确性。

除此之外，企业也需要建立并健全会计管理制度，做到独立核算、独立开户,避免与企业的控股股东同开一个账户,否则就会发生资金混淆不清的情况,进而出现资金被挪用、侵占的现象。企业资金的独立核算、独立开户,也可以避免财务决策和资金使用不受股东控制。

7.4 无形资产、内部控制和会计准则的问题如何解决

在本章的前面几节中,我们介绍了如何规范企业的收入、成本费用和税收。在本节中,我们将对企业的无形资产、内部控制和会计准则等一系列问题进行详细地阐述说明,使企业在面对财务尽职调查时,能够提高企业的估值,并减少受到相关问题的质疑。

无形资产

企业的无形资产是区别于具体有形的实物资产的概念。其主要分为 5 类,如表 7-6 所示。

表 7-6 企业无形资产的 5 种主要类型

序号	类型	说明
1	人力资产	企业员工所具备的技能、才智与知识,企业家的自身价值等
2	信息资产	企业的信息、数据、软件、系统等
3	组织资产	企业文化、领导力、战略目标、内部协同分享能力、商标权、品牌、商誉等
4	技术资产	专利、专有技术等
5	创新资产	著作权、版权等

对于无形资产的评估定价,主要有重置成本法、收益现值法、市场比较法、分割法、期权定价法、模糊模型定价法等方法。

随着科学技术的进步,以互联网、云计算、人工智能为代表的高新技术正在飞速发展和普及。在这种背景下,以知识、技术等内容为代表的无

形资产,在企业资产中的占比越来越大,在保证企业的战略实施上有极其重要的作用。以互联网企业为例,企业的高估值并没有相应量的土地、房屋、设备、存货等有形资产作为支撑,反而更多地体现在品牌、商标、管理、渠道、人才、技术、专利等无形资产上。

鉴于无形资产对企业的重要战略意义,企业应从以下3个方面来发展和保有企业的无形资产。

①企业要提升员工技能、专业水准及内部协同能力,发展企业的人力、组织等方面的无形资产。

②注重企业信息、应用软件、网络系统等是否匹配并满足企业的战略发展需求。

③注重维护企业专利、著作等方面的资产,全面保护、提升、维护企业的专利、专有技术、商标、著作权、版权等无形资产。

只有发展好、保有好企业的无形资产,在面对财务尽职调查时,目标企业才能更有底气亮出高估值,才能够在这场"非零和博弈"的游戏中获得更高的收益。

内部控制

在21世纪初,美国安然公司承认自1997年起虚报盈利数额达6亿美元;无独有偶,世通公司也爆出财务舞弊事件。大型企业的接连"暴雷",给美国投资人和资本市场带来了沉重打击。由此作为开端,各国相继出台法规,对企业的内部控制做出了明确的规定。我国于2008年6月出台了《企业内部控制基本规范》,用以加强和规范企业内部控制,提高企业经营管理水平和风险防范能力,促进企业可持续发展。

内部控制,是现代企业的一项重要的内部治理机制,其泛指企业为了实现自身的经营目标，保护企业资产的安全、完整，保证会计信息资料准确，使企业的经营活动更为高效、有序，并为确保企业创收，提高企业盈余的持续性，在企业内部采取并执行，以期达到自我调整、约束、规划、评价、控制的方法。

在财务尽职调查的过程中，调查人员会针对目标企业的内部控制情况进行调查。深圳市某体育文化公司包括了一个总部公司和华强北的分部公司，2018年年底该企业受到财务尽职调查。以下是对该体育文化公司内部控制情况的调查结果：

"××公司制定了各项规章制度，包括内部管理制度、人力资源管理制度、行政管理制度、财务管理制度、教学制度及管理办法等。××公司基本按照制定的各项规章制度进行运营，但存在内部控制缺失的情况。譬如：现金管理不规范，出纳为兼职人员，现金无法管控；存货管理不完善，领用时领用人未签字，领导未审批签字；固定资产管理不完善，实物与账列数据无法一一对应，并且固定资产没有由专人进行管理，存在两家公司共同使用固定资产的情况；收入核算方法变更未进行税务备案，可能存在一定的税务风险；公司人员的管理不完善，两家公司人员混同使用；员工宿舍租赁支出未取得发票，在工资中核算，存在一定的税务风险；分公司已取消独立核算，但相关账务未合并到总公司。"

由以上陈述可知，该体育文化公司虽然制定了各项规章制度，一定程度上规范了企业的内部控制，但在现金管理、存货管理、固定资产管理、公司人员管理等方面存在不规范，可能面临一定的风险，从而影响投资者的判断与决策。由此可见，规范各项内部控制，对目标企业是多么重要。

正如美国这些大型企业的财务舞弊情况以及上述财务尽职调查的案例

所说的那样，如果不对企业的内部控制加以规范，则会出现许多问题。那么，企业内部控制的不规范体现在哪些方面呢？

企业内部控制的不规范，主要体现在以下3个方面。

其一，未结合本企业的自身特点，未对企业内部控制管理体系进行有效梳理，致使企业内部管控措施存在漏洞，从而无法落地或落地性不强；未能就执行事项进行记录、监督、审查、反馈。

其二，企业内部职责未分离，内审制度不完备，内审监管未起到真实作用。譬如，销售与应收、采购与付款、生产成本等业务出现混乱；某一部门或个人既是执行者，又是监管者。

其三，财务风险管理意识薄弱，原始凭证不完整，业务记录不完整，缺乏支撑材料，致使企业账目出现审核风险，或出现没有合同的跨期交易，致使企业风险加大。

对一家企业而言，内部控制是否有效，内部环境起着决定性作用。组织结构、权力和责任分配、管理层经营理念和经营风格、企业本身的文化底蕴，都在一定程度上影响着内部控制实施的最终效果。因而，越是组织不健全、"一言制"的企业，就越需要一个完善、有效的内部治理机制。

目标企业要根据以上3条内部控制不规范的内容，对照自身的经营、管理制度，规范企业内部行为，减少企业的经营风险，使自身在面对财务尽职调查时，能够将失误降到最低，并提高估值。

会计准则

会计准则的建立是为了降低企业财务的报告与融资成本，对会计技术进行规范，使会计数字和信息能够客观地反映经济事实和活动，确保会计信息的质量。为此，企业会计人员必须严格、规范地执行会计准则。

首先，企业应该明确一点：挂牌企业应按照《企业会计准则》进行编制、披露财务报表，而不能按《小企业会计准则》进行会计核算。

其次，企业需按照实际的经营状况，逐项分析并采用合适的会计政策来进行核算，不得把各项费用混淆。要及时关注、跟进一些优惠政策的出台，以便使企业及时申报，享受税收优惠政策。一些跨国企业需注意当地的会计准则采用的标准和变动情况，看是否影响计税基础，从而导致计税偏差，给企业带来风险。

最后，一定要选用合适、合格的会计人员。会计人员的业务水平会直接导致会计信息是否准确、真实和有效，以及能否如实反映企业的财务状况、经营现状及现金流动向。

规范企业的无形资产、内部控制、会计准则，对于目标企业当下的经营及长远的发展都具有十分重要的作用，也是企业软实力的体现。因而，需受到经营者的重视。

7.5 如何提高企业的估值

在财务尽职调查中，对企业进行估值是一项重要的工作。企业估值是对目标企业的价值进行评估，是指采用一定的评估办法，对企业整体价值、股权价值、债务价值等进行分析，从而得出具有说服力和公允性的预估价值，将其作为投资者投资的参考标准。由于估值过程中存在许多无法量化的因素，如企业的成长性、企业所处的发展阶段、所属行业、管理团队的素质、未来前景等，因而在估值时，我们应该根据企业的实际情况，采用合适的估值方法进行估值。

值得一提的是，目标企业和财务尽职调查方通常采用不一样的估值方法，因而两者的结果会有较大差异。目标企业通常采用的估值方法有自由现金流折现法、可比企业法、可比交易法、成本法等。

自由现金流折现法

在本书第 4 章讲到调查方进行企业估值时,自由现金流折现法是其最常用的方法之一。这种方法也可以作为企业自身进行估值的常用方法。自由现金流折现法是将企业未来的现金流及折现率作为评估标准,对企业现有价值进行评估。这种方法考虑了时间因素,也兼顾了风险因素;不足之处在于,它的结果对于长期经营才能产生现金流的初创企业不够客观。

关于自由现金流折现法的详细步骤和公式在第 4 章有详细阐述,在此不再赘述。在此强调一点,对于刚成立不久且收益周期较长的企业,此估值方法需要慎用。

可比企业法和可比交易法

可比企业法和可比交易法虽然名称相近,但在估算方式上,却有着极大的区别。

可比交易法主要用于同类企业融资、并购价格的平均溢价水平的统计,然后用平均溢价水平做参考值,计算出目标企业的价值。

可比企业法与可比交易法最大的相同之处是,它也是参照同类企业的数值来进行企业价值的估算;不同之处在于,可比企业法选取的是企业股价及真实财务数据来进行财务比率计算,然后再根据获得的数值来推断目标企业的价值,如 P/E(股价与每股净利润之比,即市盈率)及 P/S(股价与每股销售额之比,即市销率)。

值得注意的是,对于许多初创企业来说,它们有收入但是却没有多少利润。要对这些企业进行估值,最好使用 P/S 的数据来进行估值。此外,在利用可比企业法进行估值时,也需要考量可比企业是否真的具有可比性。

成本法

成本法分为账面价值法和重置成本法。

其中，账面价值是指企业总资产在扣除负债后的剩余部分，也就是我们通常所说的股东权益部分，它是由企业投入资本和企业经营中所产生的利润组成。因而，账面价值法是由目标企业的账面净资产来决定企业估值的。

由于此项估值存在明显的缺陷，即忽略了企业无形资产的价值以及企业未来成长的可预见性，因而，在这种估值的基础上，通常会附加一个调整系数来作为补充。

重置成本是指重建一个和目标企业完全相同的企业所需花费的成本。由于企业的资产是处在不断贬值的状况中的，因而，这种贬值状况也必须核算在重置成本法里面。但是，这种估值存在明显缺点，那就是忽视了企业是一个子集合组成的集体，无法在软实力上给予正确的估算。

在充分了解了企业自身常用的估值方法之后，我们如何针对估值点采取精准对策，提升企业的估值呢？

提高企业的估值

提高企业的估值水平，主要有3个途径，分别是提高企业的现金流、提升企业的盈利水平及偿债能力、找到一个高速增长的方式。

（1）提高企业的现金流。

企业可以通过削减成本、提高生产率或重新调配资产等方式来提高企业的现金流，也可以通过降低存货周转天数、降低应收票据和应收账款、缩短营业周期等方式来提高资金周转能力，保持企业充足的现金流。

对于目标企业来说，现金流越稳定，它就越具有可预测性。现金流规模越大，也就意味企业的估值越高。

（2）提升企业盈利水平及偿债能力。

企业可以通过加大投资，获得更高的投资回报率，来提升预期增长率和现有资产的回报率，从而推动企业价值的短期增长。如果企业是小型企业，那么就需要通过有健康回报的新投资来实现这一目标。

企业需要记住一点：尽可能地减少不良投资，降低企业不良债务，让企业的负债率保持在一个合理区间。

（3）找到一个高速增长的方式。

一些初创企业无法在短期内提升盈利水平，那么可以通过提升毛利率或增大企业流水来使企业的经营处于一个增长的状态。同时，不要忽视企业服务客户总数量及客户活跃数。如果客户总数量及活跃客户总数量足够大，或增长速度足够快，也能在一定程度上提升企业估值。

除此之外，提高企业订单量，对某个低价单品进行"爆单式"的营销操作，如果不从总交易额上来看，只从成交量上来看，区间指数将得到一个高速增长。

要想提升企业的估值，经营者就需要从管理上下功夫，从技术和产品上做文章，提升产品销量以支撑财务数据，但也不能盲目投资，更不能不计后果地加大投资杠杆。

第四部分

决策者视界
委托方的方法论

4

洞悉估值本质

在财务尽职调查中,作为委托方的投资者应该把精力放在目标企业潜在风险和真实价值上。那么,如何去发现目标企业的潜在风险,洞悉其真实价值呢?

在该部分中,我们将从背景审视和决策思考2个维度出发,帮助财务尽职调查的委托方理性、全面地分析目标企业,使委托方在了解目标企业的现状及风险的同时,洞察目标企业的真实价值,做出更好的决策。

第8章　委托方：背景审视篇

8.1 如何与调查机构合作

许多投资机构都设有专门的尽职调查部门，但其主要工作是对目标企业进行业务尽职调查和法律尽职调查，而财务尽职调查的工作则会外包给更加专业的会计师事务所或审计师去完成。值得一提的是，虽然财务尽职调查是发现企业价值、识别企业风险的重要手段，但是财务尽职调查能否最大限度地发挥自身价值，很大程度是由委托方与调查机构的默契配合决定的。

调查方只有了解了委托方的诉求与目的，才能有针对性、有侧重点地进行财务尽职调查，进而得出拥有更高含金量的调查结果。在本节中，我们将讨论委托方如何与调查机构合作的问题。首先，我们需要明晰财务尽职调查的目的与诉求。

明晰财务尽职调查的目的与诉求

投资方或收购方明晰财务尽职调查的目的与诉求，可以分为以下3步。

第1步，构建出清晰的思维决策框架，清楚自身投资或收购的目的。

第2步，了解财务尽职调查的作用。

第3步，把诉求准确、清晰地告知调查方，使调查结果为己所用，成为决策的重要依据，最大限度地规避风险。

接下来，我们对这3个步骤进行详细分析。

(1) 财务尽职调查的委托方需要构建出清晰的思维决策框架，清楚自身投资或收购的目的。

任何投资或收购活动的最终目的都是发现目前企业的价值，从投资或收购活动中获得收益。基于这样的目的，委托方要思考的是如何规避投资或收购活动中的潜在风险。我们以投资活动为例，分析投资者应该如何规避财务尽职调查活动中的潜在风险。

投资的形式多种多样，常见的形式有股权投资、债权投资等。不论哪种形式的投资，投资者获得收益的主要途径有2种，即分红和估值差额。

分红是分取企业利润；而估值差额则是依据企业增长状况，按照市销率进行股权销售。当一家企业的业绩增长1倍时，该企业的估值倍数就会随之恒定增长，两者成正比关系。对于有潜力的成长性企业而言，特别是前景广阔的科技企业，用估值差额的方式赚钱远比分红来钱更快。

如果目标企业是高科技企业，投资者又想通过估值差额的方式来获取回报，那么，企业的核心竞争力项目，诸如专利项和科技前景等，就应该成为财务尽职调查的重点。企业核心技术的市场估值及前景，是判定企业在未来是否具有高速发展潜力的核心要素。

值得注意的是，某些目标企业会根据投资方的特点"投其所好"，给出迎合投资方喜好的财务和业务数据，把企业"包装"成为投资方青睐的样子，从而尽快获取融资款项。因此，面对高科技企业，在财务尽职调查中，投资方一定要注意研发费用的确认。通过研发费用的投入比例，来核定该目标企业能否成为高估值的目标。

投资成熟企业通常用分红的方式获取回报，这是一种较为稳妥的方式。此时，投资者在财务尽职调查中应对企业内部管理及财务状况进行考量，从中分析出目标企业的价值。

当委托方对于自身需求有了清楚认知后,还应了解财务尽职调查的作用,才能做到"知己知彼"。

(2)正确对待投资中的风险,了解财务尽职调查的作用。

财务尽职调查可以详细了解目标公司的财务情况,了解其历史盈利水平及资产状况变化趋势等状况。其主要目的是预估目标企业的价值,发现其潜在风险,通过真实的企业价值来判定该项投资是否划算,降低并控制投资风险。财务尽职调查的委托方可以从财务尽职调查报告中了解目标企业的估值和潜在风险。

一份优质的财务尽职调查报告,能够验证企业财务数据的真实性,推演出企业的业务模式与驱动业绩增长的主要因素,也能够推演出企业未来的价值,判断其未来是否具备强劲的营收能力,最终确定目标企业的估值与潜在风险。

财务尽职调查的风险发现,通常从股权、资产完整性、经营状况、负债状况及偿债能力等方面入手,通过目标企业股权的历史沿革调查、资产调查、市场调查、经营状况调查以及现金流的真实性调查来发现并判定目标企业的潜在风险。

需要注意的是,低风险并不代表投资就一定能够获利,风险永远都不会在投资中消失。对待风险,财务尽职调查的委托方应提早发现、及时规避,依靠防风险意识和能力把风险控制在可承受范围之内。

企业的估值主要可以从当前价值和未来价值两个方面考虑。企业资产价值、盈利能力是判定企业当前价值的主要方法,而从未来发展及营收能力中则可以预测未来价值。

(3)财务尽职调查的委托方需要将自身的诉求告知调查方。

在清楚了自身需求,并对财务尽职调查有了明确认知后,财务尽职调查的委托方在与调查机构进行沟通时,应该采用合理的方式,准确地告知调查机构自身的诉求和目的,以便调查方更好地展开工作。

这就需要委托方在调查之前,把自己的需求罗列出来,逐条与调查机构说明,并听取专业意见,看这些需求匹配哪些相应的调查才能达到目标,让调查工作有针对性地开展。之后,财务尽职调查人员会将其要求整理成一个财务尽职调查清单。这个清单会要求目标企业提供相关的企业财务和业务信息。

财务尽职调查清单的主要条目在第5章有详细阐述,此处不再赘述。财务尽职调查的委托方在明晰财务尽职调查的目的与自身诉求的同时,也需要对财务尽职调查的流程有一个清晰的认知。

了解财务尽职调查的流程

了解财务尽职调查的流程,不仅便于财务尽职调查的委托方和调查方的合作,也有利于委托方从时间上把握投资或收购计划,从而使整体计划能够有条不紊地进行。财务尽职调查的流程在第1章有具体介绍,在此,我们主要阐述与委托方相关的步骤。接下来,我们分步详述。

(1)财务尽职调查的调查方结合委托方的诉求和目的,确立调查内容、方法、关注重点和注意事项。

①调查内容应涵盖企业的基本面、内部控制状况、生产经营状况、财务状况、企业经营成果及涉税风险。

②调查方法主要通过内部控制制度调查、分析性复核、审查会计资料、访谈方式、利用外部审计成果、结合第三方数据来进行。而采用何种方法,需要根据实际情况而定。

③重点关注的内容包括:企业财务报表是否真实完整,业务往来及生产数据的来源与规范,各相关利益方与企业来往资金情况,企业的税务、

社会保障问题，等等。

④委托方需要注意这些事项：信息收集的完备性，企业资料的真实性，各类合同、计划、预算材料的有效期、类型及用途。

（2）协同调查机构，构建整体的调查框架，督促调查机构进行财务尽职调查。

构建整体的调查框架，可以从历史与未来、采购生产与销售、企业内部管理状况等方面来构建。

接下来的步骤便是，根据自身诉求和目的，以收集的各类资料为依托，控制调查的深度与方向，从而就企业经营管理、采销存情况、商业模式及销售渠道等各方面督促调查机构开展财务尽职调查。在这里需要注意，不论是以访谈、观察、分析、问卷、核查哪种形式开展工作，都必须围绕构建好的整体框架进行，注意寻找数据的可疑点，保持警惕性，合理质疑各类信息，注意与各方保持良好、顺畅的沟通，在尊重他人工作的前提下，坚持实现自己的诉求和目的。

（3）查阅财务尽职调查报告，以此为依据开展投资或收购活动。

财务尽职调查报告形成之后，财务尽职调查的委托方需要根据目标企业的实际情况与自身诉求，采用较为中肯的态度，从报告的完整度、信息的全面与翔实度、分析的规范性上入手，从而判定该报告结论的可靠性与参考价值。

最终，委托方根据报告中目标企业的估值和潜在风险，做出相关决策。

8.2 应该如何看待目标企业

彼得·林奇曾说过："不进行研究的投资，必然失败！"在任何时候，资本活动都应该理性，尤其是在进行投资或收购之前，投资者或收购者需要全面、深入地了解目标企业，判定价值和风险后，再进行投资和并购才有可能为自己带来收益。本节重点介绍该通过何种方式来了解目标企业的基本信息，再由这些信息来判定此次投资、并购行为能否为财务尽职调查的委托方带来利益。

看待目标企业，财务尽职调查的委托方主要可以从其背景、发展现状、财务状况以及涉税风险等方面进行分析。首先我们来看目标企业的背景情况。

目标企业的背景

在分析目标企业的背景时，我们可以从其历史沿革与股权变动情况，所处行业呈现的趋势，企业本身在行业中的位置，企业所处地区的政治、文化、风俗习惯等地域背景，以及企业的经营现状和财务状况等方面入手，逐条分析，综合研判。

（1）历史沿革与股权变动分析。

需要说明的是，企业股权的变动代表以股东身份享有的权利和收益、应尽的义务、承担的风险都开始随着股权变动而发生转移。正常的股权变动有利于企业的发展，但是频繁变更股权却不是一个好兆头。这代表企业在经营、管理上存在一定的风险和漏洞。那么，我们该如何获知目标企业股权变动的历史沿革呢？主要有以下3种方式。

首先，可以通过上市企业在证监会登记的资料、市场监督管理局官网以及股票代码查询详情和招股书来分析上市企业股权结构和与股权相关的信息，了解企业是否存在增资、股权是否有质押、企业盈利状况及分红情况。

其次，企业股权变更情况可以查看债券募集说明书。若企业没有发债，可以到市场监督管理局查内档，内档会有详细的企业历次变更登记信息记录。需要注意的一点是，由于各地政策不同，查找难易程度是有所不同的。

最后，委托方可以提醒财务尽职调查人员，寻求企业内部知情人的帮助，没有人比他们了解得更多、更为全面了。

（2）行业背景分析。

"飞猪理论"认为，一家企业只要选对了行业风口，不论自身实力如何，都能迅速发展起来。这就说明选对行业对企业的重要性。当企业所处的行业处于红利期，那么企业很容易搭上行业上升的快速通道，获得快速发展。那么，财务尽职调查的委托方应该如何分析目标企业的行业背景呢？

可以从以下5个方面来判定目标企业所处行业的状况，如表8-1所示。

表8-1　分析目标企业所处行业状况的5个方面

序号	说明
1	看宏观大背景。看目标企业是否符合时代的趋势，能否赶上宏观经济的周期
2	看行业发展所提供的产品。看其产品能否解决当下人们亟待解决的某项问题。譬如，当下的新能源汽车正好可以解决传统能源价格一路走高的问题
3	参照类似行业，看行业发展的阶段。一般来说，新兴行业的发展潜力会更大些
4	关注行业的盈利模式、获利方式和变现渠道。譬如，目标企业是否具有行业定价权
5	行业在产业链中所处的位置及市场结构

行业背景是目标企业是否有投资价值的重要依据。因此，对于财务尽职调查的委托方而言，要重视考量目标企业的行业背景。

（3）地域背景分析。

目标企业的地域背景也是财务尽职调查的委托方需要考量的重要方面。目标企业所在地的自然条件和基础建设条件，当地政府对于产业的相关政策及扶持力度，当地是否具备产业链优势，相关的人才、信息、物流能否支撑企业长期发展，以及当地的风土人情、民风民俗都在地域背景分析之列。

具体而言，目标企业的地域背景可以从 5 个维度分析，如表 8-2 所示。

表 8-2　分析目标企业地域背景的 5 个维度

序号	说明
1	在自然条件方面，可以探查当地的矿产、能源、水利等资源能否满足企业发展所需；在基础设施方面，看公路、通信等设施能否支撑企业对于物流、运输、信息交流等方面的日常需求
2	不同地区对不同行业的企业扶持力度是有区别的，发展当地大力扶持的行业，才能获得当地政府最大的支持
3	人才是支撑企业发展的要素。当地的各项配置能否留住人才，当地是否具备了相应的产业链及完善的上下游物资供给，这对于企业发展至关重要
4	俗话说"一方水土养一方人"，所处地域的民风民俗、人们的观念意识等方面，直接影响到他们对于工作的态度，这一点也是需要注意的
5	了解当地是否有高效、前端的科研机构，可否为企业提供强劲的技术支撑，也是地域背景分析不能忽略的要素

目标企业的发展现状

企业发展现状是企业真实状况的展现，要想了解企业发展现状如何，企业业务的数据指标最为直观，也最有说服力。数据指标的获取可以借助以下 2 种主要方式。

①可以用 2 个或多个直观、关联的绝对数字进行相互比较。譬如，企业的销售额与去年同期相比是否有明显增长？增长点在哪里？我们可以选取相同门店、相同渠道、相同季度或同一个节日促销项目来进行数据对比。除此之外，打折力度、促销手段、退货率、单价金额也是重要的关注点。这些细节可以探明目标企业的产品品质、市场竞争力，也能明晰目标企业是否顺应了市场需求而对销售方法做出了相应调整。

②可以通过流动比率、速动比率、销售毛利率、净利率、市场占有率、市盈率、资金及库存的周转率、负债率等各方面的相对数据进行比率分析，从而得出目标企业资产的流动性及盈利能力，看财务杠杆是否维持在一个

合理水平。

在财务尽职调查中,企业的发展现状可以通过许多方式体现出来。除了分析企业业务的数据指标,财务尽职调查的委托方还可以与调查方一同前往目标企业进行实地调查。正所谓"见微知著",可以由企业的细小行为判断企业的发展现状。

目标企业的财务状况

对财务尽职调查的委托方而言,对目标企业财务状况的分析和解读也是了解目标企业不可或缺的一环,是体现目标企业价值与风险最重要的一个方面。

企业的财务状况直接体现在企业的财务报表上。企业的财务报表主要包括资产负债表、利润表和现金流量表。在本书的第2章中,对目标企业的财务报表有具体、翔实的分析。在这里,我们将重点阐述委托方应该如何查看财务报表,以及如何判断财务报表数字背后代表的风险与收益。在此之前,我们先来了解常见的财务分析方法。

(1)2种常见的财务分析方法。

财务分析是通过数据比较、计算、比率分析等方式,用数据列表或图表对数据之间的关系进行解析的一种方法。常见的财务分析方法主要有以下2种。

①比较分析。比较分析主要是通过趋势分析和横向比较分析来判断企业当下的实际情况,并揭示企业在财务方面存在的问题。

②比率分析。比率分析主要靠相应的财务报表数据,然后对不同指标的相对数据进行计算,解析企业自身的运营、偿债及获利能力。进行比率分析,要特别注意操作时选取的相关数据的可比性。

（2）现金流量表分析。

现金流量表分析是以目标企业的现金流数据来进行分析、比较和研究，再结合其他报表信息进行的一项综合分析。通过现金流量表分析，可以获得目标企业的运营协调能力、经营获利能力、现金偿债能力、企业成长能力，对目标企业投资和筹资活动进行研判，是目标企业真实经营现状的客观反映。

在查看目标企业的现金流量表时，我们首先要看现金流是否为负数。一般来说，出现以下情况，都会导致企业现金流为负。这些情况主要包括：

①短时间内大量支付"预付款项"给企业供应商。

②偿还前期大量"应付账款"。

③本期"应收账款"增加或"预收账款"减少的幅度过大。

此时，我们应逐条分析是何种原因造成的。如果不是企业经营问题，而是某些客观原因（如自然灾害或政策改变），那么接下来，委托方可以通过以下5个方面来获取目标企业在获利、运营及其他方面的能力，如表8-3所示。

表8-3 分析现金流量表数值变化的5个方面

序号	说明
1	分析现金购销比率。从这一比率可以直观地看到企业经营业务及产品销售的状况
2	查看销售收现率值是否为1。若这项数值过低，则说明该企业有虚列收入、存在亏损的可能
3	分析现金运营指数。这个数值如果低于1，说明该企业有部分实物未收到现金，应收账款存在回收风险，企业有可能处于亏损风险之中
4	查看企业的现金盈余能力及获利能力如何、现下股东投入资本的回报率是否合理、企业的现金回款能力如何，以及企业的股票价格与每股收益是否合理
5	分析企业的债务周期、偿债能力及负债比率。对于成长期企业而言，我们还需要看该企业的实际营收是否有能力偿还债务利息

此外，还可以通过企业的业务周期的长短、现金流速的快慢、持有成本的高低等来获知其现金流状况是否理想。一般来说，在财务尽职调查的分析结果上，业务周期短且运行流畅、现金流速快且充足、应付息占比少、持有现金成本低的企业更加优质，更加适合投资。

（3）利润表分析。

对于财务尽职调查的委托方而言，利润表是他们最为关注的财务报表。然而，如何看利润表才客观，表中各科目数字背后所呈现的意义是什么，这远比只看其中的数字是多少更为重要。我们首先来看与企业利润相关的指标。

与企业利润相关的指标主要有主营业务利润率、营业毛利率、营业利润率、净利率等。

①主营业务利润率。主营业务利润率是指企业的主营业务可以带来多少利润，该指标体现了企业经营活动获利的基本能力。此数值越高，就代表该企业的盈利能力越强，也能从侧面反映该企业的产品有强悍的市场竞争力、高附加值及较强的议价能力。此外，该数值也能够间接地反映企业的经营策略能否适应当下的市场经济环境，以及在未来是否拥有较大的发展潜力。

②营业毛利率。营业毛利率是营业收入和营业成本之间的比率，它反映的是企业初始盈利能力。在这方面，财务尽职调查的委托方需要关注2个问题：一是收入高估，二是费用低估。

收入高估多是计算毛利率时用到了营业收入，但未对代缴税金及附加进行扣除。在核算利润时，未将增加的销售费用、管理费用、研发费用和财务费用等期间费用加入核算数据，造成费用低估。不论是收入高估还是费用低估都会造成虚假的营业毛利率值。财务尽职调查的委托方要警惕目标企业是否存在这种情况。

③营业利润率。营业利润率是指企业减去税金、营业成本、期间费用等一切应付账款后的金额，该数据直观地反映了企业的基本经营业务盈利能力。它可以弥补企业营业毛利率虚高、反映不实等问题。

④净利率。净利率反映了企业的整体盈利能力水平。我们可以用净利率与毛利率进行比较，如果这2个数值的差额越小，就说明该企业的期间费用越低。这从一个侧面证明了该企业内部管理完善，企业运行良好。

需要注意的是，一些企业或上市企业为了维持行业地位，保证利润达标，会用变更会计估计、处置非流动资产、计提资产差值准备、债务重组、非经常性利润经常化等手段对企业利润进行调节，这些手段均会对企业利润的真实性、可靠性造成干扰。因此，在进行企业利润分析时，要格外注意，确保看到的报表客观、公允，且有说服力。

另外，财务尽职调查的委托方还需要关注目标企业利润的稳定性、可变现性及利润结构与资产结构的匹配性是否良好等问题。

（4）资产负债表分析。

资产负债表是反映企业资产负债状况的财务报表，其数据对企业日后调整发展战略具有举足轻重的作用。企业负债可以分为流动负债和非流动负债。

①流动负债。流动负债指的是企业在短期内的负债，如应付票据、账款、工资、福利费用、股利及预收账款、预计负债和一年内可以到期的长期负债。我们要着重对一些早期数据与期末数据变化较大、出现大额红字的项目进行逐一深入分析。

如果一家企业的应付账款规模较大，我们可以从中得出2点结论。一是代表这家企业在市场上处于强势地位，其可以借助这种优势，大量占用供应商的资源。二是代表这家企业现金流紧张,企业处于下滑阶段,但是该企业长期在行业中的优势尚未完全丢失,仍有许多供应商愿意与其合作。据此可以得出,该企业的经营风险正在逐步加大。

如果一家企业的应付工资、福利占比较大,则代表这家企业的经营出现了极大的问题。

②非流动负债。非流动负债由长期借款、应付债券、长期应付款构成。由于这些长期负债都需支付利息,因此,此时需注意对同类企业的同类负债率进行对比。如果负债率过高,那么该企业的经营风险及财务负担就会很大。

企业的负债金额越大,则该企业的经营风险就越大。企业的资产负债表实质上就是企业的体温计,我们可以通过它看到企业的负债规模、未来现金流走向、再融资的可能性及规模,还能够看出企业是否存在破产的风险。

除此之外,财务尽职调查的委托方还需要注意一点:目标企业的现金储备过高,则代表其无投资机会,未来成长性不高;现金储备过低,则代表企业资金紧张,难以实现产业扩张。因此,目标企业的负债率并非越低越好,在合理区间的负债率最有利于企业的发展。

目标企业的涉税风险

涉税风险也是财务尽职调查的委托方需要考量的一个方面。企业的涉税风险主要体现在以下两个方面:未按照税法规定承担纳税义务,导致目标企业出现稽查风险;未主动合理利用税法的各项优惠政策和正确流程,从而导致企业利益受损。

想要了解目标企业的涉税风险,我们可以从以下5个税种来看,如表8-4所示。

表 8-4 从 5 个税种来看目标企业的涉税风险

序号	税种	说明
1	增值税	财务尽职调查的委托方需要查看目标企业是否存在以下增值税的涉税风险： ①进项税额是否存在虚开发票、乱开乱抵、票据书写单位和记载货物品种、数量与实际不符的情况；把非增值税项目错开进行抵扣；将返利挂入其他应收、应付款项；未按所处行业计税依据进行填报、抵扣 ②销项税额记入账不及时；未把视同销售行为按计提销项税额计入；发生退货取得的销售折让未作进项税额转出；与购货方收取的各项费用未按规定纳税；代扣代缴企业所得税未与增值税匹配
2	企业所得税	目标企业应该按企业实际收入足额缴纳企业所得税，资产评估增值、境外投资所得收益、解禁后出售的非流通股份、非货币性资产、各种应纳税的补贴及奖励、受捐赠货币及资产、投资收益都要计入并缴纳企业所得税。同时，目标企业的各项成本支出不得虚列，不得擅自改变计价方法来调节利润。此外，对于企业职工福利及各项经费支出，要保证在税法规定范围内，超出必须报税。对于未按照以上规定缴纳企业所得税的情况，财务尽职调查的委托方则要考虑其是否存在涉税风险
3	个人所得税	目标企业给职工购买的各类商业保险、企业年金，除工资外的各类补贴、资金、奖励、回扣，各类股息、红利，以及销售佣金等要一同并入个人收入，代为扣缴个人所得税。此外，财务尽职调查的委托方还要注意，目标企业的股东有从企业借款超过一年不还的情况时，存在个人所得税风险
4	契税	目标企业以出让方式获得土地使用权，必须缴纳契税，土地补偿、安置及各项补偿都在计税项内
5	房产税、土地使用税、印花税等	目标企业是否按照规定足额、定期交纳

最后，部分企业会在某些税收方面存在模棱两可或造假（两套账）的行为，使企业面临被稽查的境地。财务尽职调查的委托方要协同调查方，摸清楚是否存在这些情况，由此做出企业的风险评估和判断。

此外，一旦目标企业为了避免涉税风险而出现注销行为，税务局会对该企业 3~4 年的税务进行稽查审计，而这样的后果将更加严重。为了避免此类情况发生，财务尽职调查的委托方更应及时发现目标企业的涉税风险。

8.3 委托方还需要注意哪些问题

对于财务尽职调查的委托方而言，明白如何审阅财务尽职调查报告是其必备功课。此外，在财务尽职调查中，部分流程需要委托方参与其中，包括相关的访谈、分析相关数据等，以便在最后的投资或收购阶段更好地进行决策。接下来，我们对这些问题逐一进行分析。

审阅财务尽职调查报告

财务尽职调查报告是财务尽职调查工作的最终成果。那么，财务尽职调查的委托方应该如何审阅财务尽职调查报告呢？又有哪些需要重点关注的数据呢？

（1）如何审阅财务尽职调查报告。

首先，对于调查方所给出的数据，委托方应详细询问数据内容是如何得出的，这样的计算方式是否合乎自己的要求，这些数据在分析目标企业时都会起到哪些作用。委托方一定要与调查方沟通这些问题。

其次，在看企业财务数据时，不要一上来就看利润情况，应先看现金流情况，这样才不会先入为主，使自身对企业的估值判断受到干扰。

最后，在听取业绩预测时，需要关注的是预测分析的过程，而不是紧盯着预测分析的结果。市场情况瞬息万变，结果永远不可能100%预测准确。

（2）需要重点关注的内容。

财务尽职调查的委托方需要重点关注调查报告中以下3个方面的内容。

①企业所处的行业前景如何；企业的商业模式和优势是否具备竞争优势，是否有创新性、可行性，是否能够形成闭环。这里需要注意的是，投资一定要形成闭环，提前规划好投资失败后的退出方案，以便最大限度地规避风险。

②企业团队的执行能力、团队协作力、运营情况及团队能力如何；未来的规划和收益能否达到心理预期；投入资本多久可以产生收益，企业估值是否有出入等。

③正视目标企业的潜在风险。投资最忌感性，不论委托方对这个项目有多么偏爱，依旧要正视报告给出的风险评估，看风险是否在可掌控、可承受的范围内，应对风险的方法是否备足等。

相关的访谈细节

在第3章中，我们介绍了调查方需要在访谈中注意哪些事项。财务尽职调查的委托方可以不必参与到这些访谈过程之中，但是，为了对目标企业有一个更准确和更全面的认识，委托方还是需要了解关于访谈的一些细节，如表8-5所示。

表8-5 财务尽职调查的委托方需要了解的访谈细节

序号	说明
1	从调查人员与目标企业的管理层、董事会及其内部相关人员的访谈记录中，了解企业架构、创始人及相关人员的股权分配、薪资水平及相关背景。在查看访谈记录时，尤其需要关注目标企业的创始人是否制订了退出方案
2	从调查人员与目标企业管理团队和核心成员的访谈记录中，了解其能力、才干、背景，关注他们对企业当下和未来成长的评价及对企业商业模式的看法和建议，了解清楚他们的薪资水平，他们是否向企业投资过，企业原来是否实施了期权计划等
3	查阅目标企业的用户及相关合作供应商的访谈记录，从中了解目标企业的情况
4	查阅与相关专家就目标企业的技术评估的咨询记录，对企业技术形成更具前瞻性、全面性、客观性的认识

委托方需要注意的其他问题

财务尽职调查的委托方在与调查方达成合作前,要确认调查人员与目标企业无利益联系,不是目标企业内部或分(子)企业的员工。

财务尽职调查的委托方在审查财务文件时,需要关注目标企业对自身是否进行了长期的财务预测,有没有受过外部审计,其现金流状况还需注资多少才可以达到心理预期目标,负债率是否合理等。

财务尽职调查的委托方在分析市场类似产品的竞争力时,主要看市场竞争对手和本企业之间的各项对比,关注企业销售周期、分销渠道及经销商实力(如人脉、资源等)等信息;还要关注目标企业的运营方案是否合理,企业的整体执行力如何;是否有相应配套的突发状况解决方案,这种方案是否可持续运行等。

此外,除了调查机构给出的财务尽职调查报告,委托方还需对第三方数据、相关领域近期的一些情况做一定了解。

第 9 章　委托方：决策思考篇

9.1 如何发现目标企业的价值

查理·芒格认为，当好的投资项目出现时，投资人必须能够辨认出来。但是，企业本身到底有多少价值，究竟是否具备投资的必要，这些都不是投资人简单地浏览一下目标企业的账目就可以辨认出来的。那么，财务尽职调查的委托方应该如何最大限度地发现目标企业的价值，并根据其价值量的大小做出恰当的决策呢？

在本节中，我们将分别从企业的高塔、护城河、基座 3 个方面的建设，来综合评估企业的内在和外显，使财务尽职调查的委托人能够辨认清楚目标企业的真实价值。

企业的高塔建设

企业的高塔建设主要是指企业为自身预留的发展空间，以及未来的市场前景是否对企业成长足够有利。企业的高塔建设情况对于了解企业未来的发展空间而言，是非常关键的。在财务尽职调查中，若委托方想要看清企业的未来价值，势必需要对目标企业的高塔建设情况了然于心。

从财务角度来看，企业的高塔建设受到内部和外部因素的双重影响。判断目标企业的发展潜力主要看 3 点：一是企业以往经营业务变动情况，二是企业发展的资金来源,三是企业的资产和技术的储备情况。

在具体的财务分析过程中,我们还需要从具体的财务指标入手,从这些指标的数值来看企业的发展潜力。主要的财务指标有营业收入增长率、营业利润增长率、资本保值增值率、总资产增长率、技术投入比率等,如表9-1所示。

表9-1 分析企业高塔建设的5个财务指标

财务指标	公式	说明
营业收入增长率	营业收入增长率＝当年营业收入增长额÷上年营业收入总额×100%	该指标直接反映了目标企业前后两个年度营业收入的增减变动情况。通过最后得出的结果就可以一目了然地看出目标企业究竟是在盈利还是在亏损,以及盈利或亏损的规模大小。然后,再深入分析影响其营收变动的原因,从而判断盈利和亏损中哪一种才是目标企业的常态和未来走向。一般情况下,一个周期的营收增长率带有偶然性。因此,通常会考察3个周期的平均值,这样得出的结论会更加准确
营业利润增长率	营业利润增长率＝当年营业利润增长额÷上年营业利润总额×100%	该指标的数值可以反映企业营业利润的变动情况。利润增长率可以与收入增长率进行组合分析,这样可以看出收入增长率中利润这一部分究竟占多少份额,从而得出企业营业收入增长的质量高低
资本保值增值率	资本保值增值率＝(扣除客观因素后的)期末所有者权益÷期初所有者权益×100%	这一项指标的数值主要反映了企业经营收益对所有者权益的影响。如果数值很小,说明企业挣再多钱,所有者的权益始终还是很有限,那么财务尽职调查的委托方能得到的回报也有缩减的风险
总资产增长率	总资产增长率＝本年总资产增长额÷年初资产总额×100%	总资产增长率反映了企业本期资产规模的增长情况。这项指标主要是站在企业总资产增减情况的角度上进行评估的,可以相对准确地反映出企业规模在目前的经营策略下究竟是扩张了还是缩减了
技术投入比率	技术投入比率＝当年技术转让费支出与研究开发投入÷当年主营业务收入净额×100%	资产是技术的实际体现和累积。当代社会对于技术的需求日益增高,消费者对于新产品、新技术始终保持着高度关注,这也导致了市场对于老旧、落后的技术产品的容忍度越来越低。创新能力、技术投入是企业壮大的原动力,从技术投入比率的大小也可以看出,企业对于自身发展的规划是否清晰,经营者是否具有技术创新的意识和格局

一家企业未来能够在市场中站得多高，关系到其能够创造多少的资本价值。因此，目标企业的高塔建设，是财务尽职调查的委托方必须要考量的方面。

企业的护城河建设

企业护城河，顾名思义，我们可以理解为是企业在市场这个没有硝烟的战场上建立的竞争壁垒：企业本身是一座城池，为了避免外敌"入侵"，需要在自己的主营业务范围内挖出一条又长又宽的"河"，然后在"河"边砌成一堵又高又坚固的"墙"，形成自己特有的优势，这就是企业护城河的本质。

企业处在竞争激烈的市场中，护城河建设是否足够坚固，直接影响到企业能否在一个行业赛道中突围。财务尽职调查的委托方在考量一家目标企业之前，需要对目标企业各方面的能力进行评估，其中企业的护城河建设就是重点之一。

巴菲特在衡量一家企业的价值时有2个测试标准，分别是扣除整个行业预期增长后的企业实际收益增长，以及这家企业的护城河能否在一年时间里扩展得更加宽阔。并且，巴菲特本人更倾向于关注后者。可见，在顶级投资人的眼中，企业的护城河建设是多么关键。

一般而言，企业的护城河主要包含以下4种形式。

①企业的无形资产。这一部分包括企业的品牌、专利或者法定许可。企业的无形资产并非是直接以金钱等资产表现出来的护城河。

②用户的转换成本。这一部分的具体含义即当固定用户群体在习惯使用本企业的产品和服务后，就不会再想换一家企业，一旦发生转换就需要付出转换成本。对于用户可言，新换的企业并不能够提供和原来企业同样

高质量的产品和售后服务。

③互联网效应。我们处于互联网时代,各种信息通过互联网四通八达。如果企业能够利用好互联网,也就掌握了一定的信息交互先机。

④企业的成本优势。企业的成本优势主要是指企业通过独特的地理位置、经营规模及运营流程等,形成了自身的成本优势,能够在不损伤自我利益的前提下,提供价格低于其他企业的产品和服务。

在财务尽职调查时,委托方可以分析或者辨别出目标企业所采用的商业模式和护城河建设情况吗?答案自然是肯定的,而且答案就藏在标准的资产负债表之中,具体流程如图9-1所示。

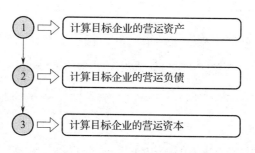

图9-1 探明目标企业护城河建设情况的流程

根据图9-1的流程,首先计算目标企业的营运资产,包括应收票据、应收账款、应收款项融资、预付款项、存货和长期应收款;然后再计算目标企业的营运负债,包括应付票据及应付账款、预收款项和合同负债;最后计算目标企业的营运资本,即用目标企业的营运资产减去营运负债所得的数值。

然而,需要注意的一点是,企业的护城河建设本身是一个动态的概念。一方面,随着行业的变迁及企业的发展,企业可以加宽、加深自己的护城河,护城河的位置也可能会发生变化;另一方面,企业的护城河也可能被侵蚀。因此，在投资或并购过程中，委托方需要利用一段时间进行动态跟踪，因为只看企业短时间的情况并不足以判断企业护城河是否牢固。

企业的基座建设

企业的基座建设包括可行的商业模式、持续经营的能力、稳健的发展和健康的财务报表等方面。这些因素就像修建高楼大厦时必须提前打好地基一样，稳固地支撑着整个企业往前发展，并为实现更高目标打下基础。如果企业的基座不稳，投资者贸然向目标企业投资，那后续的一系列经营和决策都会面临巨大的风险，正所谓"地基不牢，地动山摇"。

（1）考量目标企业的商业模式。

商业模式对企业来说就像是指南针，指引着企业在市场的汪洋大海里航行。它阐述了一家企业在何时（when）、何地（where）、为何（why）、如何（how）和多大程度（how much）地为谁（who）提供什么样（what）的产品和服务。

商业模式明确了企业的赚钱方式，向全体员工和客户传达出企业的利润来源、生成过程和产出方式，研发、经营和售后等工作都是在这个基础上进行的。正因如此，一份可靠的关于商业模式的计划书对于企业来说是必不可少的。

商业模式的建立只需要回答清楚这3个问题：企业怎么赚钱？企业怎么持续赚钱？企业主要从哪些方面赚钱？在财务尽职调查的过程中，目标企业的商业计划书是委托方必须要审阅的重要资料。委托方通过这份资料，能够了解目标企业的赚钱方式和未来计划，从而判断一家企业的发展潜力。

（2）考量目标企业的持续经营能力。

商业模式确定了之后，接下来，委托方需要明确目标企业是否有持续经营的能力,主要从目标企业营业收入的增长和盈利能力的提高这 2 个财务指标来分析。

盈利能力是否提高,最直观的衡量指标是企业毛利率。而有 2 个期间费用与企业毛利率密切相关,即管理费用和销售费用。这 2 个期间费用可以反映出企业不同的战略发展路径。一般而言,销售费用较高的企业通常不具有核心竞争力,因为销售费用投入高并不能带来长久的发展动力,只是在表面上进行了美化。相反地,如果一家企业的管理费用很高,就说明有大量资源投入到了技术和人才等方面的培养上,虽然企业一时的利润可能并不高,但从长远来看,这项投入在后期会获得更高的回报。

(3)企业的发展能力和健康的财务报表。

企业发展能力的提高能够拉动营业收入的增长,但营业收入的增长并不意味着企业发展能力强。投资者需要综合看待企业营业收入增长的规模,并将利润增长和资产规模增长进行比较。如果利润增长持续低于资产规模增长,那么就意味着目标企业的成长性存在不够强劲的问题。

财务尽职调查的委托方还要考量目标企业是否有健康的财务报表,要看资产负债表中的债务比例、利润表中的毛利率情况、现金流量表中的现金流情况等,债务比例太高意味着高风险,毛利率高才能长期盈利,充沛的现金流才有保障等。

9.2 目标企业是天时地利还是八面风雨

在财务尽职调查的过程中,我们需要对目标企业进行综合分析,从外部环境到内部工作,最后得出一个综合性的评估结果。这样,委托方才能更加全面地判断企业的真正实力。在本节中，我们将介绍3个模型或方法来分析目标企业。它们分别是 PEST 分析法、波特五力模型以及 SWOT 分析法。

利用 PEST 分析法分析企业环境

PEST 分析法本质上是基于战略目光分析企业外部宏观环境的一种方法，其主要着眼点在企业所处的环境因素。"PEST"是四个名词的缩写，即政治（Political）、经济（Economic）、社会（Social）和技术（Technological）。PEST 分析法可以帮助财务尽职调查的委托方判断宏观环境如何影响目标企业的业务和发展。

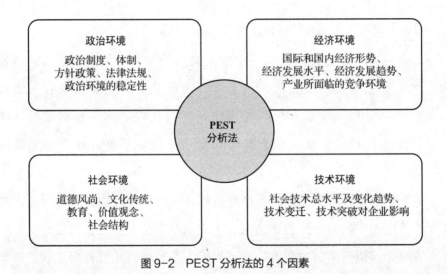

图 9-2 PEST 分析法的 4 个因素

PEST 分析法包含 4 个因素，如图 9-2 所示。下面我们逐一对其进行阐述。

首先，是政治环境因素。企业各种经营活动都会受到国家政治制度、政策和法律的约束和影响。因此，对目标企业而言，稳定、宽容的政治环境、有力的政策支持是其迅速成长的重要条件。

其次，是经济环境因素。其主要是指企业面临的国内外经济形势、宏观经济发展趋势、经济发展水平等相关因素。市场经济每时每刻都可能发生变化，其中蕴含着危险和机遇。目标企业如何在变化无常的市场环境中稳扎稳打、能否跟上经济大环境的潮流等，成为判断其能否实现可持续发展的重要指标。

再次，是社会环境因素。这些因素包括社会结构、道德风尚、文化传统、价值观念、宗教信仰、教育体系以及风俗习惯等。这方面的因素表面上好像与企业实际经营没多大关系，但是实际上却与企业能否在当地树立起良好的企业形象息息相关。

最后，是技术环境因素。科学技术是第一生产力，大多数互联网企业都是技术依赖性企业，核心技术是它们占据市场主导权的武器，而所处地区和国家能否提供足够的设备和人才力量用于研发新技术，将成为制约企业技术进步的关键因素。

我们来举一个例子。近年来我国出现了许多与保健品生产相关的企业。该类企业抓住了现代人注重养生和健康的生活理念，获得了生存和发展的机会。实际上，该类企业抓住了PEST分析法中的社会环境因素，即人们生活观念的改变。而国家加强对保健品的监管，使得许多相关企业努力提高自身的研发和生产技术，以使其产品顺应新时代居民的需求。此时，企业应抓住PEST分析法中的政治环境因素、经济环境因素和技术环境因素，分析政策导向和市场、消费者的反馈，针对人们最关注的方面更新配方，降低保健品副作用的发生概率，提高成分安全性，生产出质量更高的产品。

用PEST分析法得到的结论是判断企业外部环境是否良好的重要支撑。但是，有一点需要特别注意：PEST分析法只是一种思维框架，其价值在于为财务尽职调查的委托方提供一种对目标企业所处环境的趋势、机会和挑战的判断依据,是概率性的总结而非结论,具体情况还需要根据目标企业的实际发展进行更深层次的剖析。

利用波特五力模型分析企业的市场竞争力

波特五力模型主要用于分析企业竞争战略和竞争环境,其中的"五力"分别为供应商的议价能力、购买者的议价能力、潜在竞争者进入的能力、替代品的替代能力以及行业内竞争者现有的竞争能力,如图9-3所示。这五种力量并不一定同时存在或者同时发挥作用,它们之间的不同组合变化才是最终影响行业利润潜力变化的关键因素。

图 9-3 波特五力模型

波特五力模型的应用是有前提条件的。在进行分析前,我们需要假设3项前提条件,分别是:同行业之间只有竞争关系、行业的规模是固定的、各项信息是透明的。这3项前提条件虽然都很苛刻,但是很必要。接下来,我们可以对"五力"进行分析,如表9-2所示。

表9-2 波特五力模型的五种力量分析

序号	项目	说明
1	行业内竞争者现有的竞争能力	它是五种力量中最主要的一种。同行业、同市场的竞争就好像一块蛋糕有很多人在抢,势必会存在"僧多粥少"的情况。如果自己手里的多了,那就要想办法保住,甚至再抢一点;如果自己手里的少了,那就要发起反击。这就意味着,目标企业要有比竞争对手更具优势的战略才可能获得成功
2	潜在竞争者进入的能力	市场是开放的,因此会不停地有新的市场竞争者出现。财务尽职调查的委托方要考察目标企业是否对这些"新人"保持了足够的警惕;针对他们的存在,目标企业自身是否做出了一定的试探和相应的反应,如摸清新进入者的规模大小、专卖产品、分销渠道以及行业内企业的预期反击等
3	购买者的议价能力	顾客和企业之间既相互合作又相互博弈,都在不停为自己争取最大的利益,尤其是当用户分布集中、规模较大或大批量购货时,往往会在整个谈判过程中占据主动地位。如果是一个非常有经验的购买者,那么他可能会将企业原本的利润空间压缩到极限,因此议价能力是影响产业竞争强度的一个重要因素
4	替代品的替代能力	市场上替代产品无所不在,对企业原有产品造成的威胁非常大。替代品往往具有价格低、数量多、容易获取这几点优势,对企业原有产品销售造成极大的威胁,因此企业会与生产替代品的企业开展直接或间接的竞争
5	供应商的议价能力	供应商的议价力量会影响产业的竞争程度,尤其是当供应商垄断程度比较高、原材料替代品比较少或者改用其他原材料的转换成本比较高时更是如此

我国某知名家电企业是运用波特五力模型成功经营的典型。该家电企业涵盖的业务范围很广,但产品本身基本都是依靠收购来实现生产的。以其主营产品洗衣机为例,该品牌的洗衣机之所以能够迅速打出名气,原因在于其收购了某洗衣机品牌。在收购某洗衣机品牌之前,该家电企业利用波特五力模型对整个洗衣机行业的基本竞争态势进行了详细的分析,发现洗衣机行业对于新进者来说,主要存在以下几个壁垒:消费者需求逐渐提高,利润率低且行业竞争激烈,位于行业顶端生态位的企业具有极大的品牌优势,以及购买者的议价能力在不断提升等。正是因为这个分析结果,

该家电企业直接放弃了自主研发洗衣机，转而收购了已经具有知名度的某洗衣机品牌，从而大幅度地提高了该家电企业在洗衣机行业中的综合竞争力与市场优势。

在财务尽职调查中，委托方要协同调查方，从目标企业所在行业的竞争情况入手，结合目标企业的销售、业务和财务数据，分析其风险和价值，从而判断其是否值得投资或收购。

利用SWOT分析法分析企业的机会和风险

SWOT分析法主要考量企业的优势（Strengths）、劣势（Weaknesses）、机会（Opportunities）和威胁（Threats），是目前企业对内部和外部条件进行综合和概括，进而分析自身的优势和劣势、面临的机会和威胁的主要方法。

利用SWOT分析法分析这4项内容时，通常会将企业的优势和劣势放在一起综合看待，将机会和威胁放在一起综合看待。分析企业的优势和劣势时，必须从整个价值链的每个环节上，将企业与竞争对手做详细的对比，如产品质量、市场认可程度、销售渠道等。同时，当企业本身已经占据了优势时，可能会引起其他企业的关注和挑战。这时候，企业本身是否做好了准备也是优势和劣势分析所关注的内容。而分析机会和威胁时，主要针对的是外界市场环境的变化，环境对于企业是否友好；或者说企业是否遵循环境特点和变化规律进行变革，就是顺风和逆风的根本性差别。这一部分的结果具体可以参照PEST分析法的分析结果和波特五力模型的分析结果。

SWOT分析法主要分为以下5步。第一步，确认企业当前执行的战略，然后确认企业外部环境的变化，这一点可以借助上述提到的PEST分析法以及波特五力模型；第二步，依据收集到的外界信息以及企业资源组合情况，确认企业目前拥有的关键能力和面临的关键限制；第三步，按照通用矩阵或类似方式进行打分评价，把识别出的所有优势分成2组，即它们是与潜在的机会有关，还是与潜在的威胁有关；第四步，用同样的办法把所有的劣势分成2组，一组与机会有关，另一组与威胁有关；第五步，将分类的结果在SWOT分析图上定位和表示出来。SWOT分析图如图9-4所示。

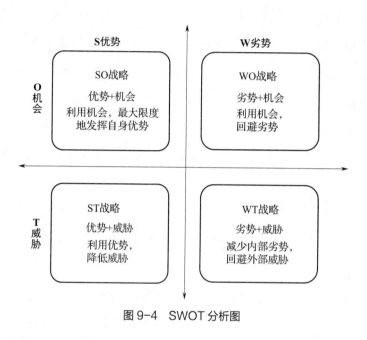

图9-4 SWOT分析图

通过SWOT分析法，财务尽职调查的委托方可以对目标企业的优势和劣势形成较为清晰的认知。我们用一个旅游区的建造规划作为例子。在开发商进行一个旅游景区的规划时，我们可以列一个SWOT分析图，将规划景区的地理位置、人文景观、开发难度、交通路线等因素列出来。当潜在机会大于潜在威胁时，就代表项目可行；当潜在机会小于潜在威胁时，就代表项目目前具备的条件还不充足，需要继续创造合适的条件。

在分析目标企业时，采用哪类模型或方法，要根据实际情况和财务尽职调查委托方的需求而定。用好以上的模型或方法，有助于委托方对目标企业有更加深入和彻底的了解。

9.3 如何看待目标企业的理念和团队

在财务尽职调查中，委托方需要观察目标企业的理念和团队管理能力。如果目标企业的团队仅仅只是一盘为利益而聚的"散沙"，其经营理念也只是为了实现短期利益，那么这样的企业肯定无法持久经营下去，自然也就不符合委托方的初衷。因此，在进行投资或收购交易之前，委托方需要联合财务尽职调查方，对目标企业的理念和团队进行考察，分析其理念和团队是否有利于企业的持久发展和规避风险。那么，具体应该从哪些方面进行考察呢？我们可以从以下4个主要方面来入手。

企业的愿景、使命和价值观

如果目标企业只是把眼前的"蝇头小利"和获得短期利益当作是企业的愿景，这样的企业显然只是一只躲在屋檐下的燕雀，无法长久经营下去。任何一家有长期投资价值的企业都应该有自己远大的愿景。企业的使命是企业肩负的责任，其目的在于为人们的生活改变做出贡献，将世界变得更加美好。企业的价值观，是一家企业的道德准绳，是一家优秀企业的灵魂和员工所认同的终极意义。在面对复杂多变的情况时，企业的价值观是考察一家企业道德标准的依据。

譬如，小米公司的愿景是"让每个人都能享受科技的乐趣，和用户交朋友，做用户心中最酷的公司"；使命是"始终坚持做感动人心，价格厚道的好产品"；价值观是"真诚和热爱"。正是因为坚持以服务客户为中心的企业愿景和使命、务实的价值观，小米公司才能快速吸引大批的"米粉"，实现企业价值的升华。

财务尽职调查的委托方要审视目标企业的愿景、使命和价值观。通过这3个要素，理解目标企业的理念和内在价值，判断其是否与自身理念契合，并以此为据来做出决策。

企业文化

随着不断发展，任何一家企业都会逐步形成自己的企业文化，其中有些企业文化来自于企业经营者和管理者的影响和推广。

一家好的企业，它的文化会给企业的诸多方面提供正向反馈。积极的企业文化可以激励企业员工，加强企业团队的凝聚力，提高企业的效率，从而引导企业的发展。可以说，积极的企业文化是企业逐步走向强大的精神支柱，而消极、短视的企业文化则会慢慢拖垮企业。财务尽职调查的委托方可以从企业的经营制度、员工的满意度以及福利薪酬制度等方面考察目标企业的企业文化。

企业的经营团队

正所谓"众人拾柴火焰高"，一家有实力、有前景的企业，从根本上看，是由一个高效且有执行力的经营团队互相配合运作、管理的。在投资者眼中，目标企业最有价值的资源还是"人"。因此，一家有优秀经营团队的企业才能正中财务尽职调查委托方的"靶心"。那么，如何考察目标企业的经营团队呢？

首先，我们要看目标企业的领导层是否具备优秀的领导能力和管理能力，且是否德才兼备。接着，我们还要考察目标企业的经营团队是否有一致的愿景。如果企业员工都朝着同一个目标努力，那么这个目标实现的概率将会大大增加；反之，则容易四分五裂。最后，我们还要看这个团队当中的人员结构是否合理、综合能力是否互补等。其中，委托方需要注意，目标企业要想保持长久的动力和活力，还需要制定合理的竞争激励机制，这样才能真正高效、健康地产生新的商业理念和新的价值。

企业的管理水平

如果只会创业而不会管理，那么再好的创意也只能"胎死腹中"。因此，目标企业的管理水平也是财务尽职调查的委托方需要考察的一个方面。如果管理水平跟不上，目标企业就容易陷入经营不善的境地。由此可见，目标企业需要有一个统领全局、运筹帷幄的管理者。只有这样，他才能从更高、更全面的管理者角度去思考企业的问题。

一家具有潜力的企业，肯定会有"过人之处"。这个"过人之处"可能是企业的商业理念，也可能是企业的团队协作能力。作为财务尽职调查的委托方，我们需要看清目标企业在这些方面的优势和不足，以便为日后的投资或收购工作提供充分的支持。

9.4 如何判断初创企业的价值

在财务尽职调查中，经常会涉及对初创企业的调查。那么，财务尽职调查的委托方应该注重初创企业哪些方面的信息呢？我们可以从初创企业的成长性、管理状况、财务信息以及创始人的资质等角度，来判断初创企业的价值。

初创企业的成长性

作为财务尽职调查的委托方，我们都期望目标企业具有高成长性，而不愿意看到其是原地踏步的。那么，如何判断初创企业的成长性呢？

判断目标企业是否具有高成长性，我们可以综合目标企业所在行业的平均增速和目标企业的增速来看。假如目标企业处于一个正在扩张的市场中，且目标企业的增速大于或等于该行业的平均增速，那么就可以判定目标企业是有高成长性的，值得委托方投资或收购。

如果一个企业在有前景的行业中能一路领先，意味着在未来有更多的成长空间。反之，如果行业不景气，甚至处于衰退阶段，即便企业做得再大，行业垄断程度再高，其成长性也高不到哪里去。因此，未来的成长性是财务尽职调查的委托方需要考量的一大指标。

创始企业的管理状况

判断一家初创企业的价值时，要考察管理层的管理能力。管理层的决策和管理水平直接决定着一家企业的商业意图和计划是否合理、资产的使用效率、职工整体工作效率等。一个好的管理层能够使企业高效运转起来，走更好的道路，从而使初创企业更具价值。

初创企业的财务信息

财务信息也是审核初创企业的一项重要内容。譬如，企业的运营能力能通过财务信息的好坏得知，健康的现金流能够让初创企业保持商业活力。一般而言，初创企业的现金流应保证不低于维持企业6个月的正常运转的数额。此外，委托方还要看初创企业的应收账款周转率、存货周转率、固定资产周转率、总资产周转率等指标。

创始人的资质

对于投资者而言，对企业的投资，也就是对人的投资。一个优秀的创始人能够为投资者提供充足的信心。缺乏资质的创始人会导致投资者蒙受损失。由此看来，调查创始人的背景非常重要。

除此之外，如果创始人不配合，无法做到言出必行，说话前后不一，把巨大的精力用来与财务尽职调查的委托方斡旋，这也可能是目标企业的创始人缺乏资质的表现。有些创始人没有足够的经验、情绪不稳定、容易意气用事，甚至出现逾越道德底线的问题，这些都需要财务尽职调查的委托方注意。

考察一个初创企业是否具备高估值的方法多种多样。同时，财务尽职调查的委托方也需要注意到，不存在十全十美的投资或收购项目，而要根据项目和目标企业的实际情况做出理性的决策。

第五部分

视界交汇点

财务尽职调查报告

5

洞悉估值本质

财务尽职调查的价值在于最大限度地消弭信息不对称带来的劣势，为资本交易的决策提供依据。而其价值的最终体现，在于一份能够客观、准确地反映目标企业真实风险和价值的财务尽职调查报告。

在该部分中，我们将学习如何编制一份出色的财务尽职调查报告，并了解财务尽职调查的后续工作都有哪些。

第10章 财务尽职调查报告与后续流程

10.1 一份出色的财务尽职调查报告是怎样的

财务尽职调查报告是财务尽职调查工作的总结与体现。一份出色的财务尽职调查报告要以全面、细致的财务尽职调查工作为基础，加以严谨、慎重、专业的审阅和财务分析，整合各项财务指标与经验判断，最后再以规范、简练、中肯的陈述，对企业的价值与存在的风险做出理性而有前瞻性的判断及说明。

由此可见，编制一份优质的财务尽职调查报告，并非一件简单的工作。在本节中，将重点讲解编制财务尽职调查报告前的工作有哪些，财务尽职调查报告的重要性和特点都有哪些，以及编制财务尽职调查报告的格式与规范等方面的内容。

编制报告前的工作

充分、细致的准备工作，是编制出一份出色的财务尽职调查报告的第一步。首先，在编制财务尽职调查报告前，调查方需要召开内部沟通会议，整理目标企业的相关资料。然后，再将委托方的目的与对目标企业相关人员的访谈进行对比，找出两者之间存在的差异，分析目标企业是否符合财务尽职调查委托方的预期。最后，再将这些资料进行分类，将事实性资料与风险、估值性预测资料区别开来，以便在编制财务尽职调查报告时做参考。

（1）召开内部沟通会议。

在编制财务尽职调查报告前，调查方应召开内部沟通会议，对收集的资料进行汇总，勾稽验证，讨论目标企业的风险与价值、财务状况与存在的问题、商业模式等重点问题，核验目标企业的信息是否与委托方的要求切合，如表10-1所示。

表10-1 召开内部沟通会议前需要参与的事宜

序号	说明
1	对收集的资料进行汇总，勾稽验证，对比财务尽职调查委托方的需求，看资料是否全面、真实，逻辑对应关系是否严谨，是否存在问题
2	对企业的风险与价值进行讨论。个人的评估很容易受主观因素左右，而多人讨论正好可以避免主观左右客观
3	对比调查前对目标企业的风险与估值的判断，寻找初始认知与当下认知存在的偏差及其原因，从而发现更多隐藏的问题
4	关注企业在收入真实性、核算规范性、资金链、关联交易、债务等方面可能存在的问题
5	看企业的商业模式是否可行、未来发展的潜力如何

（2）验证目标企业资料的真实性。

财务尽职调查的结果是否准确、有效，很大程度上依赖于目标企业资料的真实性。验证资料的真实性，可以通过多方信息比对、关联数据互为验证、借助第三方平台等多种手段来进行。

①多方信息比对。通过企业管理者、员工、供应商、销售商、客户的市场评价及反馈，来验证企业的业务情况和行业情况。

②关联数据互为验证。通过关联数据互为验证，借用财务手段，从不会说话的数字里发现谎言。

③借助第三方平台。通过第三方平台的信息和数据来验证当下企业提交的资料是否真实。

（3）整理调查所得的资料。

为了保证所收集资料的完备性，并能充分满足编制财务尽职调查报告所需，调查方可以按企业的基本情况、业务信息和财务信息3个方面进行整理，如表10-2所示。

表10-2 整理调查所得资料的3个方面

项目	说明
基本情况	公司资质、组织与投资架构；历史沿革；环境保护；人事及员工；知识产权；诉讼、仲裁及行政处罚；各类保险等
业务信息	①业务情况及发展战略的相关文件：商业模式及盈利能力；产品结构；销售收入集中度；市场规模及行业发展趋势；竞争对手资料及相关业务各方对比数据；长期投资；未来发展计划等。②业务资质类文件。③重要合同等
财务信息	主要资产；融资文件、审计报告及评估报告；关联交易；涉税资料；负债、借贷、投资、亏损、抵押；成本费用、利润、现金流；注册资本、股东结构

财务尽职调查报告的重要性和特点

凡事只有了解了其底层逻辑，才能真正理解应该如何做这件事情。同样地，财务尽职调查人员要知晓财务尽职调查报告的重要性和特点，才能写出一份出色的财务尽职调查报告。

（1）财务尽职调查报告的重要性。

财务尽职调查报告是财务调查工作成果的展现，是调查人员专业能力的体现。一份优秀的财务尽职调查报告可以充分发挥财务尽职调查的作用，是委托方判断目标企业是否值得被投资或被收购的最重要凭证。财务尽职调查报告可以帮助委托方识别并避开在投资或收购项目过程中可能会遭遇的风险。总而言之，成功的投资或收购活动，离不开优秀的财务尽职调查报告做支持。

（2）财务尽职调查报告的特点。

一份出色的财务尽职调查报告，必须满足客观、严谨、重点突出且格式美观的特点。

①客观。财务尽职调查报告是财务分析工作的总结。撰写报告的小组人员应从财务的角度出发，用客观、理性的财务语言撰写报告，避免掺杂主观臆断与个人情感。同时，应听取调查项目小组各方的意见，让能够衡量出来的财务数字来说明企业的风险与价值，用客观事实说话。

②严谨。严谨有2层含义：一是专业词汇描述得严谨，二是结构严谨、行文精练。财务尽职调查报告的写作必须专业、严谨。写作方式和结构，可以遵循提出观点、阐明现象、行为分析、延伸思考的模式来进行。

为了让财务尽职调查的委托方在阅读时能准确理解报告所披露信息，避免出现误导性陈述，因而，报告必须结构清晰，行文应尽可能精练，不啰唆、无废话，内容直指委托方的需求及关注重点。

③重点突出。由于目标企业的类型、实际情况不同，财务尽职调查的委托人的需求也各不相同，因而每份财务尽职调查报告所突出的重点也会有所差异。对于初创企业，财务尽职调查报告应突出分析其商业模式、盈利模式、技术创新、行业趋势及创始人和创业团队整体素质等方面；对于成熟型企业，财务尽职调查报告要突出现金流是否稳定、企业内部管理是否完善、商品竞争力如何、企业在行业内的定价权及话语权、企业的应收账款及债务状况等。

④格式美观。一份优秀的财务尽职报告应该是令人赏心悦目的。编制财务尽职调查报告时，必须遵循严格的财务尽职调查报告格式。每个章节应围绕一个主题进行论述，行间距和字体设置要统一规范，一、二、三级标题格式及字号大小也应统一规范。只有这样，书写的财务尽职调查报告才能做到条理清晰、格式规范且美观。

编制财务尽职调查报告

根据目标企业类型的不同和投资人需求的不同，财务尽职调查报告所突出的重点及细节也会有所不同，但其编制方式和格式却是大同小异的，如需编制财务尽职调查报告，可以按照一般格式进行撰写。

一般来说，财务尽职调查报告分为企业基本情况、业务情况、行业情况、财务情况、关联方及关联交易、相关的内部控制、税收政策及风险、估值过程及分析 8 个部分。接下来，我们对这 8 个部分进行简要阐述。

（1）企业基本情况。

①简介：公司名称、注册资本、实收资本、成立时间、法定代表人、统一社会信用代码、公司类型、注册地和经营地、经营范围等。

②历史沿革，即历次股权变动及股权结构演变情况。企业增资协议及股权变动情况，增资资金是否到位；是否存在资产转移、资金出逃；是否存在对赌协议。

③组织架构。企业规模、人员配置及薪酬水平、业务布局等。

④对外投资架构。

⑤委托方需要了解的其他事项。主要包括以下 5 个方面，如表 10-3 所示。

表 10-3 委托方需要了解目标企业 5 个方面的事项

序号	说明
1	实际控制人、董监高、核心技术人员等
2	历次出资及股权方面存在的法律问题，如出资瑕疵、股份代持、对赌协议、股权质押冻结及诉讼等情况如何，是否存在纠纷和隐患，后续进展如何等
3	历次股权变动是否涉及股份支付
4	创始人在什么时候，以何种形式投入了多少；创始人及创始股东的个人资产情况的说明
5	外部投资投入单位、金额、持股比例等

（2）业务情况。

企业经营主要依靠业务获利，业务发展受阻或出现偏差，则会导致企业经营陷入困境，无法获利，从而无法支撑企业正常运营及发展。因而，业务直接反映了企业生产经营状况及未来前景。业务情况主要介绍5个方面的情况。

1）主营业务涉及的资质或特许经营情况。

2）商业模式。这里又可以分为3点：

①销售模式、渠道及主要客户。这里尤其要关注大客户的变化，销售模式是否符合行业现状及发展趋势，渠道是否稳定，销售集中度如何。可列出前十大客户的名称、销售内容、销售额、销售数量、占比情况等。

②主要产品（或服务）及用途、特点的介绍。涵盖企业的主要产品（或服务）是什么，以及价值点、特点与竞争优势在哪里。

③企业盈利能力。销售收入、销售量、销售单价、单位成本及毛利率的变化趋势。

3）生产模式、工艺流程及产能利用情况。

4）采购模式及主要供应商。可列出近3~5年内前十大供应商的采购内容、采购额、采购数量、占比信息等。

5）技术与研发。

（3）行业情况。

行业情况主要包括4个方面的内容。

①行业概况，如行业政策、行业周期、行业发展趋势、行业壁垒及行业特点等。一方面，要说明行业政策演变以及对企业的影响。另一方面，还要阐述行业的周期性、区域性或季节性特征。看行业是否存在周期性波

动,是处在上升期还是衰落期,发展会不会受到区域限制,行业是否存在明显的季节性变化等因素。

②行业上下游情况。上游企业供给是否充足,下游企业的销售状况,产业链是否有"缺节脱环"的现象发生。

③目标企业在行业中的地位及特点。一是通过描述产业链,确定目标企业在行业中所处的位置;二是说明目标企业在行业内是否有话语权与定价权,对行业的影响力如何;三是说明产业链各核心环节的利润率,可列举对应上市企业的情况。

④目标企业主要竞争对手及竞争优劣势。

(4)财务情况。

该部分内容是财务尽职调查报告的重点,具体包括8个方面的信息。

1)财务报表情况。直观列出资产负债表、利润表、现金流量表,确保阅读的直观性和完整性。

2)主要财务指标分析,包括营运能力、偿债能力、盈利能力及行业对比分析。

3)主要会计政策,包括重要的会计政策,如收入确认、成本计量、减值计提、折旧摊销等。要注意2个问题:一是确定计算方式是否合适;二是折旧率提取方法是否合理,是否客观反映了固定资产的消耗情况和使用年限,折旧率是否入账。

4)销售方面的情况,包括主要客户、信用政策及收款情况、产品退货和销售返利、收入分析等。需注意以下3点内容:

①关注产品销售周期、回款方式及回款率。

②关注产品退货率及退货原因。

③收入分析。可分地区、产品列举近3年的收入、成本、毛利率,对

比同行业企业收入变动的趋势,说明收入变动的原因。

5)采购与付款、生产与仓储循环方面的情况,包括主要供应商、信用政策及付款情况、存货情况、生产成本分析等。需注意以下3点内容:

①关注全款发出的商品、分期付款发出的商品及仓库积压的存在损毁、过保质期、滞销的产品。
②查询存货计算方式是否合理。
③占用供应商货款状况。

6)期间费用情况,包括销售费用、管理费用、财务费用、研发费用。需注意以下2点内容:

①列出费用明细表,分析费用处理的合理性与未来的走势变化。
②各项费用的占比情况。

7)资产情况,包括货币资金、应收票据、其他应收款、固定资产、在建工程、无形资产等。需注意以下6点内容,如表10-4所示。

表10-4 描述目标企业资产情况需注意的6点内容

序号	说明
1	对应收账款要进行分析,特别是逾期账款及坏账
2	查询是否将投资、开办费、前期亏损或待摊费用支出暂列为其他应收款
3	固定资产估值是否合理
4	了解在建工程的项目预算、在建状况及完工程度和用途,是否存在停工或"烂尾"
5	无形资产的种类、取得途径、寿命、计价依据等
6	可采用目标企业及几家同行业可比企业近3年的应收账款周转率变动情况,来说明目标企业应收账款是否合理以及是否存在潜在风险

8)负债情况,包括借款、应付票据、其他应付款等。需注意以下4点内容:

①利率、还款期。还款利息是否足额提取并已入账。

②抵押情况。

③是否存在未入账的负债。

④是否存在违规或违法的贷款合同及事实。

（5）关联方及关联交易。

①关联方的基本情况，包括关联方及关联方关系。编制报告时需要详细列出关联方的企业名称及其关联关系。

②关联方交易，包括采购、销售、租赁、担保、资金拆借等。从采购、销售、租赁、担保、资金拆借、其他关联交易6个方面，列出企业与关联方近3年的数据。

③关联方应收应付账款情况。包括应收账款、预收款项、应付账款、预付款项、其他应收款、其他应付款、应收票据、应付票据等情况。

④关联方交易分析。分析关联交易的合规性、必要性和公平性，以及关联方交易与非关联方交易的区别及对利润的影响，说明关联交易对目标企业的影响。

（6）财务报表相关的内部控制。

①与销售相关的内部控制。

②与采购和存货相关的内部控制。

③与成本费用相关的内部控制。需要解析成本结构，找出关键成本因素。

④与资金相关的内部控制。

⑤其他与财务报表相关的内部控制。

（7）税收政策及风险。

①涉税情况。要描述清楚主要税种税率及计算依据、税收的缴纳情况、

各期末应交税费余额、两套账的税收差异说明等。

②税收优惠政策。说明清楚享有哪些税收优惠政策，以及政策是否持久、对企业利润影响如何等。

③尽职调查期间纳税奖罚情况。

④税收风险。

（8）估值过程及分析。

①估值过程。包括估值的假设和前提、估值的方法和途径（可构建财务模型）、估值的计算过程和估值结论4个步骤。

②分析。从3个方面入手，分别是资本市场可行性、重要风险提示及解决方案、投资或收购建议。

编制完成财务尽职调查报告，并不代表财务尽职调查工作的结束。在下一节中，我们将了解财务尽职调查的后续工作都有哪些。

10.2 财务尽职调查的后续工作有哪些

在进行完所有的调查工作及编制完财务尽职调查报告之后，还需对这份调查报告进行复核，才能提交。提交这份调查报告之后，财务尽职调查的调查方应将调查结果与委托方、目标企业进行沟通和交涉，确保各方的理解和这份调查报告呈现的内容一致，没有偏差。如果委托方决定投资，调查方还需跟进投后管理工作。接下来，我们进行详细阐述。

财务尽职调查的后续环节及工作

财务尽职调查报告编制完成后，还需对其内容进行内部复核，确保调查结果能够准确、全面、中肯地表述出来。复核完成后，方能提交汇报。

提交后，还需与委托方和目标企业进行沟通，确保各方的理解和调查报告呈现的内容一致，没有偏差。当委托方或目标企业对报告有疑问和质疑时，应及时与其沟通、交涉、协调，对各方所提出的问题给予专业协助，保护各方正当利益不受侵害。

最后，需把从目标公司收集到的原始资料，以及在调查中财务分析的各种底稿保留并存档备案，以便后续查阅。

当委托方有意向进行投资或并购时，调查方还应展开与项目相应的专业协助。具体注意事项有以下3点。

①投资行为。协助分析投资方式的可行性、收益预测、可行性及风险的评价与解决方案。

②并购行为。可推荐合适的财务及内部审计负责人给委托方，并推动财务及内部控制制度的建设，协助解决有可能发生的各种情况和问题。

③进行交易前的资产评估复核。当拟签订的投资协议与批准的投资方案存在较大差异时，应重新评估投资风险。之所以会产生这种现象，主要是由目标企业前期运作不规范、存在隐形交易、历史数据失真或调查匆忙，而对部分尽职调查范围和程序进行了调整后所致。

当尽职调查项目完成之后，委托方决定投资或与目标企业展开合作，调查方还应协助委托方开展投后管理工作。

投后管理工作

投后管理工作可以分为常规性工作、增值服务及退出工作3个部分。

（1）常规性工作。需要定期走访被投企业，并收集企业的财务报表，及时发现被投企业的财务问题，并对各项信息进行互证，以便得到真实有效的信息，从而找到问题的解决方案。同时，跟进被投企业可能发生的舆情、诉讼、担保等重大事项。

（2）增值服务。增值服务主要包括3方面内容，如表10-5所示。

表 10-5　增值服务需要关注的 3 方面内容

序号	说明
1	给予被投企业行业趋势、商业模式、前沿技术、竞争对手进展等关系到企业发展的最新信息，并对企业未来发展提供建设性建议，以便企业更好地成长
2	对接各类资源，使企业有更好的人才可用、有更多的订单可拿、有更好的融资渠道可以进行融资
3	规范企业内部各项治理工作，使企业在内部管理、财务管理、公司架构等方面更有利于企业发展，适应企业不断发展和扩张后对内部各项配套管理、服务的需求

（3）退出工作。项目的退出是投资者变现获利的重要手段，因而退出工作就显得非常重要，前期的一系列工作都是为了此刻而准备的。把握退出的时机，合理利用各种退出机制，是投后管理工作的重中之重。投资者的主要退出方式有以下 4 种。

① IPO 退出。IPO 指的是首次公开募股，这种退出机制是以企业的上市为方式来展开的。这就需要调查方和委托方把握公司上市进度，熟悉上市交易的各项规则，以便帮助目标企业解决上市后遇到的各种问题。

②并购退出。帮助寻找并购方，设计并购、谈判方案给投资者参考。

③老股转让。利用自身对企业及行业较为熟悉的优势，尽可能地帮助投资者卖出好价钱。需要说明的是，当下老股转让一般会以低价打折的方式进行。

④回购。此时，要注意大股东是否有回购能力，在前期投资时是否签署了相关的保护性条款等。

不论是财务尽职调查的过程，还是编制财务尽职调查报告，或者是参与投后管理工作，都对参与者的专业性提出了极高的要求。作为财务尽职调查的参与方，都应该积累工作经验，不断学习，善于总结，这样才能为财务尽职调查项目的成功打下坚实的基础。

附录

财务尽职调查报告模板[一]

××（尽职调查机构简称）财务尽调字（年度时间）第××号

委托人（公司名称）：

××会计师事务所（以下简称"本所"或"我们"）接受贵公司委托，对××公司（以下简称"××公司""公司"或"目标企业"）××年××月××日至××年××月××日的财务情况进行尽职调查，并出具财务尽职调查报告。本次调查是基于贵公司拟对××公司进行并购重组（或投资、IPO等）之目的而实施的。

××公司的责任是提供与本次财务尽职调查事宜相关的资料，并对所提供资料的真实性、合法性和完整性负责。我们的责任是在××公司所提供资料的基础上，按照行业通行的标准和方法履行调查程序、出具财务尽职调查报告。财务尽职调查并非是按照《中国注册会计师审计准则》进行的审计。

[一] 该财务尽职调查模板取自浙江省注协印发的《财务尽职调查报告编制指引（试行）》。

一、基本情况

（一）简介

公司名称：××

注册资本：××万元（实收资本：××万元）

成立时间：××年××月××日

法定代表人：××

统一社会信用代码：××

公司类型：××

住所：××

主营业务：××；××；等等

提示：注册登记和实际经营地址不一致的应列示，主营业务根据公司实际开展情况列示，无需将营业执照范围全部列出。

（二）历史沿革

根据提供的政府主管部门批复、批准证书、营业执照、公司章程及章程修正案等工商登记备案文件，公司历史沿革情况如下：

1. 设立。

公司由××、××共同发起设立，设立时认缴注册资本为人民币××万元。

公司首次出资业经××会计师事务所审验，并由其于××年××月××日出具了"××号"的验资报告。

公司××年××月××日在××工商行政管理局/市场监督管理局办妥设立登记手续，并取得注册号/统一社会信用代码为××的营业执照/企业法人营业执照。

公司设立时的股权结构如下：

序号	股东名称	出资方式	出资金额（万元）	出资比例（%）
1				
2				
合计				

2.增资。

××年××月××日，公司召开股东会并通过决议，将注册资本增至××万元，其中××出资××万元，××出资××万元。

本次增资业经××会计师事务所审验，并由其于××年××月××日出具了"××号"的验资报告。

公司××年××月××日在××工商行政管理局/市场监督管理局办妥变更登记手续。

本次增资后，公司的股权结构如下：

序号	股东名称	出资方式	出资金额（万元）	出资比例（%）
1				
2				
合计				

3.股权转让。

××年××月××日，公司召开股东会并通过决议，同意××将所持公司××万元股权以××万元转让给××。

公司××年××月××日在××工商行政管理局/市场监督管理局办妥变更登记手续。

本次股权转让后，公司的股权结构如下：

序号	股东名称	出资方式	出资金额（万元）	出资比例（%）
1				
2				
合计				

提示：历史沿革还包括减资、股份改制等变动情况，可以根据委托方的需要进行列示。

关注以下方面：

①注册资本是否已足额认缴，是否存在抽逃、挪用出资行为。

②账列股东、章程中的股东和工商登记的股东是否一致。

③公司注册资本的每次变化是否符合法律的规定、相应的手续是否完整（包括政府审批备案，若涉及境外股东，还包括相关的外汇备案与外管局批准）。

④与注册资本相关的账务处理是否正确。

⑤股东是否具有相应的投资能力，是否存在委托持股情形，股东资格是否合法。

⑥股东间是否存在特殊约定，如固定回报、业绩回购条款等。

⑦历史上股权转让是否均已支付对价、是否完税、是否存在潜在纠纷；公司的境外股权是否存在被直接或间接转让的情况，是否依法申报纳税。

⑧是否存在通过增资或转让股份等形式实现高管、核心技术人员、员工或主要业务伙伴持股的情况，是否需要按股份支付进行处理等。

（三）组织架构

目标企业目前的组织架构情况：××

提示：可以说明部门设置、职能分工情况。

（四）对外投资架构

提示：对外投资情况可通过画图或列表方式列示单位名称、投资时间、投资金额、持股比例、主营业务、简单财务状况及经营情况，展示出集团的业务分布、资产分布、资金来源、同业竞争等情况。

（五）其他

提示：可以根据需要选择列示，如实际控制人情况、董监高情况、核心技术人员情况。

二、业务情况

（一）主营业务涉及的资质或特许经营情况

1. 主营业务情况。

2. 资质或特许经营情况。

（二）主要产品（或服务）的用途和特点

1. 主要产品的销售收入占比情况。

2. 主要产品的用途、特点。

3. 主要产品所面向的市场。

（三）销售模式、渠道及主要客户

1. 销售模式与渠道。

（1）总体介绍。

（2）直销与经销情况。

（3）地区分布及内外销情况。

（4）定价政策。

（5）信用政策及结算方式。

（6）售后政策。

（7）品牌及贴牌情况。

2. 主要客户。

（1）各种销售模式下的客户结构。

（2）主要客户统计。

（四）生产模式、工艺流程及产能利用情况

1. 生产模式。

（1）总体介绍。

（2）产品标准化程度。

（3）外购与外协情况。

（4）自行加工与委托加工情况。

2. 工艺流程图。

3. 产能及利用率。

（五）采购模式及主要供应商

1. 采购模式。

2. 主要供应商。

（1）各种采购模式下的供应商结构。

（2）主要供应商统计。

（六）技术与研发

1. 主要生产技术。

2. 产品核心技术。

3. 正在从事的研发项目。

4. 研发费用的构成及其占营业收入的比例。

5. 技术创新机制。

三、行业情况

（一）行业概况

1. 行业总体介绍。

2. 行业政策。

（1）行业主管部门和监管体制。

（2）行业主要法律法规及政策。

3. 行业周期。

4. 行业发展趋势。

（1）行业发展现状。

（2）行业未来发展趋势。

5. 行业壁垒。

（1）技术壁垒。

（2）资金壁垒。

（3）人才壁垒。

6. 影响行业发展的因素。

（1）有利因素。

（2）不利因素。

7. 行业特点。

（1）行业技术特点、技术水平。

（2）行业特有的经营模式。

（3）行业的周期性、区域性和季节性特征。

（二）行业上下游情况

1. 与上游行业的关联性。

2. 与下游行业的关联性。

3. 上下游行业的发展状况对本行业及其发展前景的影响。

（三）目标企业在行业中的地位及特点

1. 市场地位。

2. 市场占有率及变化趋势。

（四）目标企业主要竞争对手及其竞争优劣势

1. 行业竞争格局。

2. 主要竞争对手。

3. 竞争优势。

4. 竞争劣势。

四、财务情况

提示：

①根据所确定的调查期间进行列示，一般为两期或三期。

②数据分析均可通过图表等形象生动的方式列示。

③报表项目列示方式，可以根据目标企业的行业特性、委托方的关注重点及阅读习惯等进行调整。

④可以统一说明货币单位为"元"或"万元"。

（一）会计报表的情况

1. 资产负债表。

项目	××年××月××日	××年××月××日	××年××月××日
流动资产：			
货币资金			
……			
流动资产合计			
非流动资产：			
长期股权投资			
……			
非流动资产合计			
资产总计			
流动负债：			

（续）

项目	××年××月××日	××年××月××日	××年××月××日
短期借款			
……			
流动负债合计			
非流动负债：			
长期借款			
……			
非流动负债合计			
负债合计			
所有者权益：			
实收资本（股本）			
……			
所有者权益合计			
负债和所有者权益总计			

2. 利润表。

项目	××年度	××年度	××年度
一、营业总收入			
二、营业总成本			
其中：……			
加：……			
三、营业利润（亏损以"-"号填列）			
加：营业外收入			
减：营业外支出			
四、利润总额（亏损总额以"-"号填列）			
减：所得税费用			
五、净利润（净亏损以"-"号填列）			
六、其他综合收益的税后净额			
七、综合收益总额			

3. 现金流量表。

项目	××年度	××年度	××年度
一、经营活动产生的现金流量：			
销售商品、提供劳务收到的现金			
……			
经营活动现金流入小计			
购买商品、接受劳务支付的现金			
……			
经营活动现金流出小计			
经营活动产生的现金流量净额			
二、投资活动产生的现金流量：			
收回投资收到的现金			
……			
投资活动现金流入小计			
购建固定资产、无形资产和其他长期资产支付的现金			
……			
投资活动现金流出小计			
投资活动产生的现金流量净额			
三、筹资活动产生的现金流量：			
吸收投资收到的现金			
……			
筹资活动现金流入小计			
偿还债务支付的现金			
……			
筹资活动现金流出小计			
筹资活动产生的现金流量净额			
四、汇率变动对现金及现金等价物的影响			
五、现金及现金等价物净增加额			
加：期初现金及现金等价物余额			
六、期末现金及现金等价物余额			

（二）主要财务指标分析

提示：需要结合目标企业所属行业、发展阶段、实际开展业务和委托方交易目的等综合判断，合理选择适用的分析指标。

1. 盈利能力分析。

财务指标	××年度	××年度	××年度
毛利率（%）			
销售净利率（%）			
净资产收益率（%）			
每股收益（元/股）			

提示：可以结合各盈利能力指标的变化趋势，进一步分析各年度盈利能力及其变动情况，分析利润结构和利润来源，判断盈利能力的持续性等。

2. 偿债能力分析。

财务指标	××年度	××年度	××年度
资产负债率（%）			
流动比率			
速动比率			
利息保障倍数			

提示：可以结合公司的现金流量状况、资信状况、可用融资渠道及授信额度、表内负债、表外融资及或有负债等情况，分析各年度偿债能力及其变动情况，判断偿债能力和偿债风险。

3. 运营能力分析。

财务指标	××年度	××年度	××年度
资产周转率（次）			
存货周转率（次）			
应收账款周转率（次）			

提示：可以结合市场发展、行业竞争状况、生产模式及物流管理、销售模式及赊销政策等情况，分析各年度营运能力及其变动情况，判断经营风险和持续经营能力。

4. 与同行业上市公司的比较。

财务指标	可比上市公司	××年度	××年度	××年度
资产负债率（%）	……			
	……			
	平均数			
	目标企业			
……	……			
	……			
	平均数			
	目标企业			

提示：通过对上述比率的分析，与同行业可比公司的财务指标进行比较，综合分析公司的财务风险和经营风险，判断公司财务状况是否良好、是否存在持续经营问题。

（三）主要会计政策

提示：可以选取重要的会计政策进行披露（如与经营业绩、资产质量、核心资产负债等关联度高），并与同行业上市公司进行比较。

1. 收入确认。

（1）收入确认的一般原则。

（2）不同销售模式收入确认的具体原则。

提示：可以与同行业可比上市公司收入确认原则进行比较。

2. 存货及成本。

（1）存货的分类。

（2）发出存货的计价方法。

（3）不同类别存货可变现净值的确定依据。

（4）存货的盘存制度。

（5）低值易耗品和包装物的摊销方法等。

3. 应收款项坏账准备。

（1）单项金额重大并单独计提坏账准备的应收款项：××

（2）按信用风险特征组合计提坏账准备的应收款项：××

按信用风险特征组合计提坏账准备的计提方法（如账龄分析法、余额百分比法和其他方法）。

组合中，采用账龄分析法计提坏账准备：

账龄	应收账款计提比例(%)	其他应收款计提比例(%)
1年以内（含1年）		
其中：……		
1~2年		
2~3年		
3年以上		
3~4年		
4~5年		
5年以上		
……		

（3）单项金额不重大但单独计提坏账准备的应收款项：××

提示：可以与同行业可比上市公司应收款项坏账准备计提政策进行比较。

4. 长期资产减值。

5. 固定资产折旧方法。

类别	折旧方法	折旧年限(年)	残值率(%)	年折旧率(%)
房屋及建筑物				
机器设备				
运输设备				
电子及其他设备				
……				

提示：可以与同行业可比上市公司的固定资产折旧方法进行比较。

（四）销售方面

1. 主要客户。

各年前十大客户统计：

××年度：

客户名称	销售内容	销售数量	销售额	占比(%)
××				
××				
……				
合计				

××年度：

××年度：

提示：可以根据需要列示前五大、前十大或前二十大客户。可以按不同销售模式下主要客户的情况进行列示，分析销售集中度。

2. 信用政策收款情况

（1）应收账款账龄结构：

账龄	××年××月××日	××年××月××日	××年××月××日
1年以内(含1年)			
其中：……			

（续）

账龄	××年××月××日	××年××月××日	××年××月××日
1~2年			
2~3年			
3年以上			
3~4年			
4~5年			
5年以上			
……			

提示：可以根据信用政策、结算周期判断应收账款账龄的总体合理性，对回款情况进行分析，比较应收账款与主营业务收入的增幅，判断对经营风险和持续经营能力的影响。

（2）坏账准备：

坏账准备	××年××月××日	××年××月××日	××年××月××日
1年以内（含1年）			
其中：……			
1~2年			
2~3年			
3年以上			
3~4年			
4~5年			
5年以上			
……			

提示：判断坏账准备计提是否充分、是否存在操纵经营业绩的情形。

（3）各年应收账款余额前十名：

××年××月××日：

客户名称	余额	账龄	占比（%）
××			
××			
……			
合计			

××年××月××日：

××年××月××日：

提示：可以根据获取的合同、订单，比较主要客户的结算周期与账面应收账款账龄是否存在异常。

（4）各年预收账款余额前十名：

××年××月××日：

客户名称	余额	账龄	占比（%）
××			
……			
合计			

××年××月××日：

××年××月××日：

3. 产品退货和销售返利。

提示：关注产品退货、销售返利、折扣等情况，并关注账面入账情况。

4. 收入分析。

（1）按类别进行收入成本统计。

××年度：

类别	营业收入	营业成本	收入占比（%）	毛利率（%）
××				
××				
……				

××年度：

××年度：

提示：可按产品、销售模式、客户类型、销售区域、内外销等类别进行统计。

（2）各年收入变动分析。

提示：对上述不同类别收入的变动情况进行分析。

5. 毛利率分析。

（1）毛利率变动分析。

提示：对上述不同类别分类的毛利率变动情况进行分析。

（2）与同行业上市公司的毛利率变化情况进行比较分析。

6. 销售单价分析。

产品系列	××年度	××年度	××年度
××			
××			
……			
合计			

提示：分析主要产品价格变动的基本规律及对目标企业收入变动的影响。

7. 其他

提示：可关注是否存在特殊销售模式（如经销商、电子商务、寄售等），是否存在特殊收入确认方法（如完工百分比法），是否存在第三方回款等。

（五）采购与生产、存货方面

1. 主要供应商。

各年前十大供应商统计：

供应商名称	采购内容	采购数量	采购额	占比（%）
××				
××				
……				
合计				

提示：可以根据需要列示前五大、前十大或前二十大供应商；可以关注供应商的构成、集中度、稳定性、变动趋势等。

2. 付款情况。

（1）应付账款余额及周转率：

账龄	××年××月××日	××年××月××日	××年××月××日
期初应付账款			
期末应付账款			
本期购货金额			
应付账款周转率			
平均周转天数（天）			
期末存货余额			
期末应付账款占存货比重			
……			

提示：可结合付款政策、结算周期等，分析应收账款的总体情况以及变动趋势和变动原因。

（2）各年应付账款余额前十名：

××年××月××日：

供应商名称	余额	账龄	占比（%）
××			
××			
……			
合计			

××年××月××日：

××年××月××日：

提示：可以关注实际付款和合同或订单条款是否一致，付款政策与合同信用期是否一致。

（3）各年预付款项余额前十名：

××年××月××日：

供应商名称	余额	账龄	占比（%）
××			
××			
……			
合计			

××年××月××日：

××年××月××日：

提示：可以关注预付款项的商业逻辑、预付的内容、金额以及付款进度是否正常。

3.存货总体情况。

科目	××年××月××日	××年××月××日	××年××月××日
原材料			
库存商品			
在产品			
……			
合计			
存货跌价准备			
营业成本			
存货周转率			
存货周转天数			

提示：可关注仓库构成、管理模式及存货盘点情况，分析存货状况及

库龄，判断存货跌价准备计提方法是否合理、计提金额是否充分。

4. 生产成本分析。

（1）各年料工费分析：

项目	××年度		××年度		××年度	
	金额	占比（%）	金额	占比（%）	金额	占比（%）
直接材料						
直接人工						
制造费用						
合计						

提示：可以关注成本核算方法与生产流程是否匹配，成本计算表中各类成本费用归集分配是否合理，成本核算流程是否合理，分析料工费各年变动情况及原因等。

（2）各年单位成本分析：

产品系列	××年度	××年度	××年度
××			
××			
……			
合计			

（3）各年采购单价分析：

主要原材料	××年度	××年度	××年度
××			
××			
……			
合计			

5. 其他。

提示：可关注是否存在特殊行业的成本核算，如工程施工行业。

（六）期间费用

1. 销售费用。

项目	××年度	××年度	××年度
××			
××			
……			
合计			

提示：可以从以下方面进行分析：

①结合行业销售特点、销售方式、销售操作流程等事项，分析目标企业销售费用的完整性、合理性。

②分析销售费用明细、业务收入的占比及变动趋势，以及业务发展与商业模式的合理性。

③是否具备真实合理的合同基础及支付依据，注意关注销售费用中的现金交易以及向代理商或居间商支付佣金的入账情况。

2. 管理费用。

项目	××年度	××年度	××年度
××			
××			
……			
合计			

提示：可以从以下方面进行分析：

①管理费用各项明细的变动情况。

②是否具备真实合理的合同基础及支付依据，注意重点关注费用中与质量、安全、环保相关的支出，以及是否存在相关领域重大违法违规行为的潜在风险。

3. 研发费用。

项目	××年度	××年度	××年度
××			
××			
……			
合计			

提示：可以从以下方面进行分析：

①研发机构、研发人员、研发项目的情况。

②研发人员的归类、核算是否正确。

③分析研发费用的结构与研发项目的关联度，判断费用的合理性和真实性。

④研发费用的会计核算方法，如资本化、项目分配情况。

4. 财务费用。

项目	××年度	××年度	××年度
利息费用			
减：利息收入			
汇兑损益			
其他			
合计			

提示：可以从以下方面进行分析：

①各明细变动趋势是否与资产负债表相关项目的规模及变动趋势一致。

②如存在较大银行借款或付息债务，应结合利息支出进行测算，分析大额利息资本化的合理性。

5. 其他。

提示：可以关注异常出现或消失的费用类别、关联方费用、劳务外包、劳务派遣、社保及公积金缴纳情况等。

(七) 资产情况

1. 货币资金。

项目	××年××月××日	××年××月××日	××年××月××日
库存现金			
银行存款			
其他货币资金			
合计			

银行账户情况：

银行账户	开户银行	账户性质	开户时间	××年××月××日余额	对账单差异
××					
××					
……					
合计					

提示：

①可列示第三方支付平台的情况。

②关注现金交易的规模、真实性和内控情况。

③关注使用个人银行账户的原因及必要性，是否存在规避税务监管的情形和法律风险。

2. 应收票据。

项目	××年××月××日	××年××月××日	××年××月××日
银行承兑汇票			
商业承兑汇票			
合计			

提示：可关注商业承兑汇票是否计提坏账准备、是否存在购买票据情况，以及票据背书、贴现情况。

3. 其他应收款

其他应收款各年前五名的情况

名称	性质	关联关系	××年××月××日余额	账龄	占比（%）
××					
××					
……					
合计					

提示：可以关注以下方面：

①是否存在关联方资金占用，其必要性、公允性（计提利息情况）。

②分析款项是否真实存在（是否无票费用、涉诉款项、投资性款项挂账等）。

③是否通过体外资金循环、代垫成本费用来粉饰业绩。

4. 固定资产。

（1）固定资产总体情况。

类别	××年××月××日		××年××月××日		××年××月××日	
	原值	累计折旧	原值	累计折旧	原值	累计折旧
房屋及建筑物						
机器设备						
运输设备						
电子及其他设备						
……						
合计						

（2）房屋及建筑物情况。

序号	名称	账面原值	产权证号	用途	启用日期	建筑面积	单位造价
1	××						
2	××						
……	……						
—	合计						

（3）主要设备情况。

序号	名称	规格型号	启用日期	账面原值	累计折旧
1	××				
2	××				
……	……				
—	合计				

提示：可以关注以下方面：

①固定资产折旧政策的稳健性、折旧计提和减值准备计提是否充分，以及账面价值是否公允。

②设备的闲置情况、设备产能利用率，以及设备规模是否与生产经营活动相匹配。

5. 在建工程。

在建工程总体情况：

项目	××年××月××日	××年××月××日	××年××月××日
××			
××			
……			
合计			

提示：可以关注以下方面：

①在建工程是否具有商业实质，账面价值是否公允，是否存在利用资

产隐藏成本费用的嫌疑。

②在建工程结转固定资产时的情况。

③是否存在已长期停工的在建工程,以及停建工程利息资本化和减值计提情况。

6.无形资产。

(1)无形资产总体情况。

类别	××年××月××日		××年××月××日		××年××月××日	
	原值	累计摊销	原值	累计摊销	原值	累计摊销
土地使用权						
软件						
……						
合计						

(2)土地使用权情况。

序号	名称	账面原值	产权证号	用途	起止日	面积	单价
1	××						
2	××						
……	……						
—	合计						

提示:关注是否存在股东投入时权属存在瑕疵,以及出资额虚高、资产是否可用、闲置等。

7.其他。

提示:可根据目标企业情况,选择列示资产类其他报表项目。

(八)负债情况

1.借款。

(1)借款总体情况。

项目	××年××月××日	××年××月××日	××年××月××日
短期借款			
长期借款			
合计			

（2）主要借款明细情况。

借款方名称	借款金额	起始日期	到期日期	担保情况	备注
××					
××					
……					
合计					

提示：关注是否存在转贷行为、金额及影响、借款是否计息、担保物权属主体等情况，适当补充列示。

2. 应付票据。

项目	××年××月××日	××年××月××日	××年××月××日
银行承兑汇票			
商业承兑汇票			
合计			

提示：可关注是否存在票据融资及其金额和影响。

3. 其他应付款。

其他应付款各年前五名的情况：

名称	性质	关联关系	××年××月××日余额	账龄	占比（%）
××					
××					
……					
合计					

提示：关注是否存在拆入资金的情况和拆入的合理用途，是否存在对关联方的资金依赖、自身的流动性风险和对独立经营能力的影响。

4.其他。

提示：可根据目标企业情况，选择列示负债类其他报表项目。

（九）承诺及或有事项

1.资产受限情况。

对应银行	资产类别	抵押/受限金额	说明
××			
××			
……			
合计			

2.对外担保。

被担保方名称	对应银行	担保金额	担保起始日	担保到期日	是否已经履行完毕
××					
××					
……					
合计					

3.诉讼、仲裁事项。

4.其他承诺及或有事项。

提示：承诺及或有事项需根据委托方的交易行为，判断事项的重要程度、规模后，再选择是否列示。

（十）其他

提示：可以根据目标企业的特征情况和委托方的需要进行列示。

五、关联方及关联交易

（一）关联方及关联关系

序号	关联方名称	与目标企业的关系
1		
2		
……		

（二）关联交易

1. 采购情况。

关联方名称	采购内容	定价政策	××年度		××年度		××年度	
			采购额	占比	采购额	占比	采购额	占比
××								
××								
××								
……								

2. 销售情况。

关联方名称	销售内容	定价政策	××年度		××年度		××年度	
			销售额	占比	销售额	占比	销售额	占比
××								
××								
××								
……								

3. 租赁情况。

对方名称	资产类别	××年度租赁费/收入	××年度租赁费/收入	××年度租赁费/收入
××				
××				
××				
……				

4. 担保情况。

担保方名称	被担保方名称	担保金额	担保起始日	担保到期日	是否已经履行完毕
××					
××					
……					
合计					

5. 资金拆借。

拆出方	拆入方	拆借金额	拆借起始日	拆借到期日	说明
××					
××					
……					
合计					

6. 其他关联交易。

（三）关联方应收应付款项

项目名称	关联方	××年××月××日	××年××月××日	××年××月××日
应收账款				
预收款项				
应付账款				
预付款项				
其他应收款				
其他应付款				
应收票据				
应付票据				

（四）关联交易分析

提示： 可以分析关联交易的必要性、交易定价的公允性、交易的合规性、同业竞争情况等。

六、财务报表相关的内部控制

（一）与销售相关的内部控制

1. 销售业务流程。

2. 销售相关管理制度。

3. 销售关键内部控制要点：

（1）职责分工与授权批准。

（2）销售与发货控制（如销售谈判、合同协议审批、合同协议订立、组织销售、组织发货等环节的控制）。

（3）收款控制。

（4）销售退回控制等。

（二）与采购和存货相关的内部控制

1. 采购业务流程。

2. 采购相关管理制度。

3. 采购关键内部控制要点：

（1）购买与审批的职责分工、授权审批。

（2）请购控制。

（3）询价控制。

（4）采购控制。

（5）验收控制。

（6）付款控制。

（7）退货和折让控制等。

4. 存货关键内部控制要点：

（1）岗位的分工与授权批准。

（2）验收与保管控制。

（3）领用与发出控制。

（4）盘点与处置控制等。

（三）与成本费用相关的内部控制

成本费用关键内部控制要点：

1. 岗位分工及授权批准。

2. 成本费用预测、决策与预算控制。

3. 成本费用执行控制。

4. 成本费用核算控制。

5. 成本费用分析与考核。

（四）与资金相关的内部控制

资金关键内部控制要点：

1. 职责分工与授权批准。

2. 现金和银行存款的控制。

3. 票据及有关印章的管理。

4. 监督检查制度。

5. 资金管理。

提示：可以关注现金交易、使用员工个人卡收款、通过关联方或第三方代收货款、资金拆借等情况。

（五）其他

提示：可根据委托方需要列示，如：控制环境、信息系统、内部审计监督、外部报告和外部监管情况，以及关联方交易内控情况等。

七、税收政策及风险

（一）涉税情况

1. 主要税种及税率。

税种	计税依据	税率	备注
企业所得税			
增值税			
城市维护建设税			
教育费附加			
地方教育费附加			
……			

2. 各期缴纳税款的情况。

3. 各期末应交税费余额。

（二）税收优惠政策

提示：考虑以下方面分析列示。

①高新技术企业、软件企业、福利企业等认定情况、政策内容及优惠期间。

②税收优惠对调查期间的影响及其可持续性对公司未来经营业绩的影响。

（三）调查期间内纳税奖罚情况

（四）税收风险

提示：考虑以下方面分析列示。

①可能通过账外核算、推迟确认收入、少确认收入、加速计提折旧、关联交易转移收入等方式隐瞒利润，或不按时申报税金等方式延迟纳税。

②为粉饰业绩，可能通过虚构客户、虚增销售、提前确认收入等方式

虚增利润，导致多缴税款。

③股份改制涉及公司控股架构、业务运营模式以及股权或资产的剥离、转移等，涉及大量税务问题。譬如，若用资本公积或者留存收益折股，需关注自然人股东缴纳个人所得税的风险以及是否符合申请缓缴的条件等。

④非货币性资产出资、不公允增资、与股份支付相关的持股平台及股份代持等，所带来的税务风险。

⑤拟进行的并购重组方案可能带来的税务风险。

八、估值过程及分析

（一）估值的假设和前提

（二）估值的方法和途径

（三）估值的计算过程

（四）估值结论和分析等

提示：该部分内容可以参考估值尽职调查报告（参考样式）中的相关内容。

九、提醒关注

提示：可以列示发现的目标企业财务核算和规范方面存在的问题及与交易行为相关的重大风险情况。

××会计师事务所

××年××月××日